# La Guerra de los Cien Años

*Una guía fascinante sobre uno de los conflictos más destacados de la Edad Media y de la historia europea y la vida de Juana de Arco*

# Índice

# Primera Parte: La Guerra de los Cien Años

*Una Fascinante Guía de los Conflictos entre la Casa Inglesa de Plantagenet y la Casa Francesa de Valois que Tuvieron Lugar Durante la Edad Media*

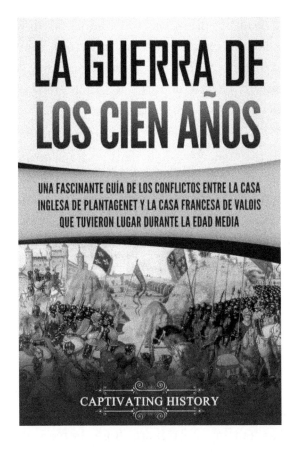

# Introducción

Caballeros y batallas, princesas y castillos, asedios y profetas guerreros que lideran el camino hacia la victoria sobre relucientes caballos blancos: todo parece ser parte de mitos y leyendas. Sin embargo, la historia de la Guerra de los Cien Años contiene estos elementos, y es una historia completamente verdadera.

Hace casi setecientos años, Francia e Inglaterra fueron gobernadas por reyes guerreros que llevaron a sus propias tropas a la batalla. Fue una época de confusión y devastación, una época en que la Peste Negra acechaba las calles y el drama de dos familias podía causar una guerra continental. Era una época conocida como la Edad Media, y, sin embargo, la imaginación actual no puede evitar sentirse cautivada por el romance de una época en que la caballería era un código utilizado en la guerra.

La historia de esta guerra se vuelve fascinante por su entorno, pero es inspiradora por sus personajes. Un rey ciego que cabalga a la guerra por la oportunidad de dar un último golpe con su espada; un joven príncipe, vestido completamente de negro, que lleva a los hombres de su padre a la victoria; jóvenes reyes y audaces reinas, prisioneros que creen en el honor, tormentas de granizo que detienen luchas enteras y la maravillosa historia de una joven campesina que cambió el curso de la historia para siempre.

La Guerra de los Cien Años definió el idioma, la identidad nacional, el armamento e incluso la forma en que la gente pensaba acerca de la guerra. Es parte de la gran narrativa de la historia y ofrece un panorama de cómo la naturaleza humana puede comportarse cuando se ve presionada por la extremidad de cierto conflicto — a veces con honor y coraje indescriptibles y otras veces con cobardía, egoísmo y arrogancia. Existen muchas lecciones por aprender de esta guerra. Su historia es cautelar, pero también es una historia de aventura, batalla, esperanza e intervención divina. Es la historia de una guerra como ninguna otra.

# Parte Uno: La Guerra Eduardiana (1337-1360)

# Capítulo 1 – Una Cuestión de Sucesión

La reina de Francia tenía solo dieciocho años, pero este sería su tercer hijo. Las lágrimas cayeron por sus suaves mejillas mientras jadeaba y gritaba en su lujosa habitación, atendida por una partera de rostro pálido y un grupo de sirvientas en pánico. La reina Juana de Évreux las ignoró, apretando los dientes sobre la ola de agonía que la asaltó con la siguiente contracción. La esperanza y el miedo colapsaron en su corazón cuando la joven reina se esforzó por traer a su hijo al mundo. Juana había pasado por muchas cosas incluso a su edad. Casada con el rey Carlos IV a la temprana edad de catorce años, ya había perdido a su primer bebé y, hacía apenas dos meses, a su esposo. Ahora sabía que el destino de todo el reino estaba esperando en esta habitación, dependía del género del bebé que estaba a punto de dar a luz.

Juana le había dado a Carlos dos hijos antes de morir. La primera, que llevaba el nombre de su madre, había vivido solo unos pocos meses. La segunda era fuerte y saludable hasta el momento, pero también una hija. Ahora Carlos estaba muerto y no tenía hermanos ni hijos varones. Si la Corona francesa iba a permanecer en manos de la Casa de Capeto, este bebé tenía que ser un varón.

De lo contrario, había dos demandantes principales al trono. Uno era el primo hermano de Carlos IV, Felipe de Valois, que ya servía como regente; el otro era Eduardo III, el rey de Inglaterra. Francia no podía caer en sus manos.

Finalmente, llegó el alivio. Juana se recostó sobre las almohadas y el sudor empapó las sábanas cuando la partera levantó al bebé. Hubo un momento de silencio que hizo que el corazón de Juana se congelara. Entonces, un leve grito se elevó en el aire, llenando la habitación con el sonido de una nueva vida.

Agotada y llena de dolor, Juana se las arregló para preguntar el género del bebé. La partera la miró con los ojos muy abiertos, sabiendo la importancia de la pregunta. Pero no se podía negar la verdad.

Juana había dado a luz a otra niña. Carlos IV no tenía heredero.

\* \* \* \*

Era 1328, y Francia e Inglaterra continuaban teniendo roces entre ellas durante siglos. Desde que Guillermo el Conquistador arribó a Hastings y destruyó el reino inglés en 1066, infundiendo sangre real inglesa con sangre francesa, los dos grandes reinos habían estado en contra. La lucha más reciente había sido la breve Guerra de Saint-Sardos cuando Carlos IV y el Rey Eduardo II de Inglaterra lucharon por el control de una pequeña provincia en la costa oeste de Francia llamada Gascuña. Guillermo el Conquistador había sido duque de Normandía; a través de su linaje, el rey de Inglaterra continuó conquistando territorios en Francia, y aunque Francia gradualmente recuperó la mayor parte de su tierra, Gascuña permaneció bajo el control del rey inglés. Esto significaba que el rey de Inglaterra debía rendir homenaje al rey de Francia. El homenaje era un ritual simbólico en el que una persona que poseía tierras en una región presidida por una persona de alto rango prometía lealtad y sumisión a su señor; en este caso, el rey de Inglaterra también fue duque de Aquitania (incluida Gascuña), y por lo tanto tuvo que rendir homenaje al rey de Francia. Lo anterior no fue del agrado de ninguno de los reyes ingleses, y se hicieron múltiples intentos para apoderarse de Gascuña por completo de Francia. El padre de Felipe VI, Carlos de Valois, había derrotado recientemente al rey inglés Eduardo II en una lucha por Gascuña.

Se suponía que se trató de un gesto de paz cuando la hermana de Carlos IV, Isabel de Francia, se casó con Eduardo II. En cambio, provocaría el conflicto europeo más duradero de la historia.

La antigua Ley Salic, que había sido adoptada por los tribunales franceses, impedía a las mujeres heredar títulos; por esta razón, las dos hijas de Juana, María, y la recién nacida Blanca no eran elegibles para el título de Carlos IV. En cambio, el primo paterno de Carlos IV, Felipe VI, fue coronado rey de Francia.

Sin embargo, Inglaterra estaba a punto de lanzar un ataque una vez más. Isabel de Francia tuvo más éxito en la producción de herederos que la reina Juana. Cuando murió Carlos IV, el hijo de Isabel, Eduardo III, era rey de Inglaterra. Como sobrino de Carlos IV, era el pariente masculino más cercano del rey fallecido y técnicamente podía reclamar el trono, lo cual realizó enérgicamente cuando Felipe VI fue coronado. La corte francesa, sin embargo, argumentó que, dado que Isabel no tenía derecho al trono, no podía transmitirlo a Eduardo. Los franceses eran muy renuentes a ser gobernados por un inglés y se aferraron a esta razón para no permitir que Eduardo ganara el trono. De mala gana, Eduardo se percató de que había perdido esta batalla en particular. Continuar disputando la decisión de la corte francesa conduciría a la guerra, y Eduardo tenía solo diecisiete años cuando tomó el trono; la guerra contra Francia en ese momento fue un error que incluso un rey adolescente sabía que sería demasiado costoso cometer.

Así, en 1329, el joven rey rindió homenaje a Felipe VI, un gesto que anuló por completo su reclamo al trono. La ceremonia de homenaje fue simple, pero profundamente humillante. El inquilino sería despojado de su armamento y cualquier corona u otra joyería que mostrara su rango; luego se acercaría al señor, que estaría sentado, y se arrodillaría. Colocando sus manos juntas entre las manos del señor, haría un simple juramento de lealtad. El señor aceptaría el juramento del inquilino por medio de un beso.

Pero Eduardo III no planeaba humillarse por completo. Cuando entró en la sala del trono del rey Felipe VI, estaba resplandecientemente adornado con su corona brillante y su poderosa espada ancha enfundada en su cadera. Felipe observó en silencio mientras el joven rey se acercaba, sus ojos atentos, su postura indicaba todo, menos sumisión. Fue casi una sorpresa cuando Eduardo se arrodilló ante el trono francés y colocó sus manos en las de Felipe. "Me convierto en tu hombre de hoy en adelante", declaró formalmente, pero sus ojos que se clavaron en los de Felipe, se llenaron de desafío, "y para ti serán verdaderos y fieles, y te confiarán en las viviendas que afirmo tener de ustedes, salvando la fe que le debo a nuestro señor soberano". Hizo una pausa, levantando la barbilla, dejando muy claro de quién estaba hablando. "El rey".

Felipe VI analizó a Eduardo durante un largo y precario momento. Luego consintió a inclinarse y aceptar el juramento con un beso. Eduardo se retiró, con la cabeza en alto. Se rindió homenaje, pero toda la habitación podía sentir la frialdad de la indiferencia de ese gesto.

\* \* \* \*

La ceremonia de homenaje, tan inusual y tensa, fue lo suficientemente convincente como para comprar a Europa algunos años más de paz. Eduardo continuó rindiendo homenaje a Felipe como era necesario, pero los problemas aún se estaban gestando a través de otro jugador clave en este peligroso juego de ajedrez de la política medieval. Este fue Roberto III de Artois. Roberto era pariente del rey Felipe VI y había sido fundamental para llevarlo al trono; además, se convirtió en uno de los asesores más cercanos de Felipe. Sin embargo, esta posición de poder no fue suficiente para él. Quería más tierras, y sintió que tenía derecho al condado de Artois. Estaba bajo el control de su tía Mahaut, condesa de Artois, pero presentó un documento falsificado sobre el testamento de su padre al rey Felipe, con la esperanza de que su aliado, el rey, no lo leyera con atención. Sus esperanzas se desvanecieron cuando Felipe se percató de que el documento era una falsificación; las tierras de Roberto fueron confiscadas, y fue expulsado de Francia como una desgracia y un exilio. Se escondió en Namur y posteriormente en Brabante.

Mientras tanto, Felipe VI estaba ocupado con algo más que acosar al traicionero Roberto. Sabía lo que significaba el desafío de Eduardo en la ceremonia de homenaje— que la ceremonia no había sido una declaración de paz, solo un retraso de una guerra inevitable. Comenzó a reunir aliados que podían ayudarlo en el conflicto, y uno de los aliados más importantes fue Escocia. Perpetuamente en guerra con Inglaterra, los escoceses necesitaban apoyo, y Felipe sabía que, si Inglaterra podía ser atrapada entre dos enemigos, sería difícil ganar. Formó una alianza con el enemigo jurado de Eduardo, el rey David II de Escocia.

Enfurecido, Eduardo buscó los medios para tomar represalias. Y cuando Felipe invadió Brabante y expulsó a Roberto de su refugio una vez más, el consejero se convirtió en una forma ideal de incitar al rey francés. Eduardo le dio la bienvenida a Roberto a su corte, no solo albergando al fugitivo, sino también convirtiéndolo en uno de sus propios asesores. Roberto tenía una decisión que tomar con Felipe, e instó a Eduardo a provocar problemas contra Francia, fomentando que ambos países fueran a la guerra. Tal vez de esa manera finalmente conquistaría Artois.

Lo anterior dio resultado. Roberto fue la gota que derramó el vaso. Eduardo dejó bruscamente de rendir homenaje a Felipe y, en abril de 1337, cesaron las relaciones diplomáticas y se escuchó el llamado a las armas en toda Francia. Felipe confiscó a Gascuña, citando la falta de homenaje de Eduardo y la protección de Roberto como causal. El siguiente movimiento de Eduardo fue presentar otro reclamo al trono francés, y todas las anteriores razones para que Francia e Inglaterra estuvieran en guerra surgieron una vez más.

El inevitable conflicto había comenzado. Sin embargo, ninguno de los combatientes podría haber adivinado cuánto duraría— y cuál sería el precio que pagarían ambos países.

# Capítulo 2 – Dando el Primer Golpe

*Ilustración I: Una coca medieval.*

Ninguno de los dos caballeros no era optimista. Sudando con su pesada armadura después de su vigorosa cabalgata, se pararon ante su rey con expresiones dudosas, haciendo todo lo posible para transmitir su mensaje sin perturbar al rey.

Pero sabían que era demasiado tarde. Eduardo III era un hombre perturbado, un hombre que había pasado los últimos tres años tratando de reunir fondos y apoyo para la guerra que— quizás imprudentemente— había declarado a su país vecino. Si bien la guerra se había declarado oficialmente en abril de 1337, solo se produjeron pequeñas batallas durante varios meses, mientras que Eduardo III y Felipe VI intentaron encontrar los fondos necesarios para la guerra. Para Eduardo, esta fue una batalla complicada. Mientras Felipe tenía una flota masiva de buques de guerra—veloces galeras de Castilla, elegantes, maniobrables y diseñadas para la batalla— Eduardo solo tenía tres buques de guerra a su nombre. Se vio obligado a juntar una variedad de cocas, revolcando buques mercantes que podían transportar grandes cantidades de hombres, pero a baja velocidad. No estaban hechos para la velocidad ni agilidad, y era algo evidente.

Aun así, Eduardo podría comisionar a cientos de ellos, tomándolos de los comerciantes, a menudo sin compensarlos, y construyó murallas defensivas conocidas como "castillos" en frente y detrás del mástil que se encontraba en medio del barco. Su orgullo y alegría particular fue una de esas cocas rediseñadas, una coca majestuosa llamada *Christopher*. Podía transportar un gran número de combatientes o carga, y mejor aún, estaba equipada con las maravillosas nuevas armas que acababan de inventarse: la artillería. Eduardo ya no se veía obligado a usar poleas, palancas y contrapesos para lanzar rocas a sus enemigos desde catapultas rudimentarias y trabuquetes. Ahora tenía cañones, algunos de los primeros objetos extraordinarios de su clase que volaban bolas de metal en las filas de sus enemigos simplemente al encender un fusible.

*Christopher* tenía tres cañones de este tipo a bordo, por lo que, en septiembre de 1338, fue enviada a la isla de Walcheren, cerca del condado de Flandes (un aliado inglés en la costa de Francia) para proteger una enorme carga de lana que Eduardo estaba enviando a sus aliados. Esperaba que, al intercambiar este gran cargamento de lana con los flamencos, no solo fortalecería las relaciones diplomáticas con ellos, sino que también recaudaría algunos fondos necesarios para emplear y equipar a su ejército. Sus esperanzas se desvanecieron considerablemente cuando la veloz flota francesa descendió sobre *Christopher* y sus compañeros como un ángel de la muerte. Había cuarenta y ocho galeras francesas que rodeaban las cinco cocas inglesas, y los ingleses simplemente no tenían ninguna posibilidad. El comandante John Kingston los retuvo durante un día completo antes de que se viera obligado a rendirse, y los franceses regresaron triunfalmente a su rey con un rico botín y el precioso *Christopher* de Eduardo a cuestas.

Esta pérdida en la Batalla de Arnemuiden fue un golpe mortal para las entrañas de Eduardo, especialmente después de que su ciudad portuaria de Portsmouth fuera saqueada y quemada hasta los cimientos en marzo de 1338. Eduardo tardó casi dos años en hacerlo, pero concienzudamente armó una flota, alejó a los franceses, y ahora estaba en la ofensiva. Navegando a través del canal con 150 barcos, Eduardo estaba decidido a contraatacar, abrumar a la marina francesa y tomar uno de sus puertos. Y su presencia en Flandes fue un insulto tanto para él como para los flamencos, la mayoría de los cuales estaban estratégicamente aliados con el rey inglés desde que Felipe VI los había despreciado.

Entonces, el 24 de junio de 1340, Eduardo estaba esperando a bordo de su propia coca, el *Thomas*, las noticias de dos caballeros que había enviado para explorar el puerto de Sluys. La ciudad estaba ubicada en la costa de Flandes, y su enorme puerto era uno de los puntos comerciales clave entre Inglaterra y su aliado de Flandes. Los franceses estaban enterados de ello y habían preparado su batallón en la entrada del puerto. Formando tres líneas de barcos, habían reunido una flota excepcional, respaldada por sus aliados de Génova y Castilla. Los dos caballeros se lo informaron al rey, sacudiendo la cabeza decepcionados. Los cuarteles estaban demasiado cerca, le confirmaron; atacar esas ágiles galeras en un espacio angosto con pesadas cocas sería una tontería. Un rey sabio esperaría.

Pero Eduardo aún no era sabio. A los veintisiete años, estaba lejos de ser el adolescente rebelde que había rendido homenaje a Felipe VI con una espada y una corona, pero aún era propenso a ponerse furioso y tomar decisiones cuestionables. Esta no fue la excepción. Cuando miró a los dos caballeros mientras terminaban su informe, las llamas de Portsmouth ardían en sus ojos. Sus gritos resonaron alrededor del *Thomas* cuando ordenó que se prepararan a los caballeros y llamó a sus hombres a las armas—atacarían a Sluys, y no había forma de detenerlo.

\* \* \* \*

La batalla consiguiente fue una de las más sangrientas de la Edad Media. La fuerza de Eduardo era poderosa, pero mientras se encontraba de pie en la cubierta del *Thomas* para acercarse a la flota francesa, sus mástiles que sobresalían de la niebla parecían — como los historiadores los describirían — un bosque flotando en el mar. Pero al aproximarse, el rey inglés se burló con desprecio porque sabía que la batalla era suya. Esas veloces galeras tenían dos grandes ventajas sobre sus cocas — su agilidad y velocidad— y habían arrojado ambas a su suerte. Los comandantes franceses, Hugo Quiéret y Nicolás Béhuchet, habían optado por colocar sus barcos en dos líneas en la entrada del puerto y posteriormente atacarlos con líneas de abordaje. Esto provocó que la línea de barcos fuera resistente y permitió que los hombres armados se apresuraran de un barco a otro, pero también los hizo virtualmente inamovibles. Toda esa maniobrabilidad francesa se había ido. Galera tras galera estaba atada a su vecino, con el *Christopher*, la coca inglesa robada, que se cernía entre ellos como un buey entre las ovejas.

Eduardo envió sus naves al frente en tres líneas: una coca cargada con hombres que portaban armas para el combate cuerpo a cuerpo flanqueadas por otras dos que transportaban a los legendarios arqueros de Inglaterra. Estos soldados ligeramente blindados portaban poderosos arcos, muchos de ellos tan altos o más altos que los hombres, generalmente tallados en una sola pieza de tejo. El arco era un objeto magníficamente elegante y simple, pero capaz de lanzar una flecha con punta de acero hasta trescientas yardas con fuerza mortal. Los arqueros habían crecido con el tiro con arco, utilizándolo para cazar y divertirse hasta que podían disparar con una precisión inigualable. A medida que los barcos se llenaban de arqueros que avanzaban pesadamente hasta la línea francesa, una descarga tras otra de flechas voló hacia los barcos franceses, causando estragos. Las velas fueron derribadas, y los hombres gritaron y se lanzaron al agua mientras los arcos perforaban incluso la armadura de placas. Cuando la coca llegó a la línea francesa, todo era caos. Los ingleses abordaron y atacaron con una eficacia devastadora. En pánico, muchos de los franceses saltaron de sus barcos en busca de refugio en el mar, solo para ser arrastrados a las costas de Flandes y atacados por cientos de flamencos furiosos armados.

El número de muertos no tenía precedentes. Más tarde, Eduardo le escribiría a su hijo, el Príncipe Negro, sobre cómo los cuerpos continuaron arrastrándose en la costa francesa durante días. El agua del puerto estaba teñida de escarlata, la flota francesa destruida, y el *Christopher* y su compañera el *Eduardo* fueron recapturados en manos inglesas. La Batalla de Sluys fue el primer gran enfrentamiento de la Guerra de los Cien Años, y fue la victoria más decisiva para Eduardo. Francia entró en pánico y esperaba una invasión a gran escala para controlar todo el territorio, no solo la oferta de Eduardo para reclamar a Gascuña. Hasta 20.000 franceses fueron asesinados; las bajas de Eduardo son desconocidas, pero probablemente fueron muy pocas.

Tan decisiva como fue la victoria en Sluys, no tuvo un efecto táctico tan extenso como el que esperaba Eduardo. Aunque logró sitiar la ciudad de Tournai, Eduardo no había resuelto el problema del cargamento de Felipe VI por el Canal de la Mancha hacia el rey

David II de Escocia, el enemigo más antiguo de Eduardo. Tampoco cesaron las incursiones de ciudades portuarias en la costa inglesa; los mayores recursos de Felipe le permitieron reunir rápidamente a su armada, y para fin de año, estaba saqueando ciudades inglesas una vez más.

El ejército de Eduardo, sin embargo, no se repuso tan rápido. Mientras los franceses continuaban paralizando el comercio de lana de Inglaterra— uno de sus principales ingresos — Eduardo se aferró obstinadamente a su asedio a Tournai. Cuando los fondos de Eduardo se agotaron, también lo hicieron los suministros de alimentos de los habitantes de la ciudad y la guarda francesa establecida ahí. Ambas partes estaban cada vez más desesperadas a medida que pasaban las semanas; para septiembre de 1340, tres meses después de que comenzara el asedio, Eduardo estaba prácticamente sin dinero y Tournai se estaba muriendo de hambre. Fue en este punto que Juana de Valois, la hermana de Felipe y la suegra de Eduardo, decidió intervenir. Ella presentó una súplica apasionada ante los reyes en guerra, pidiéndoles que llevaran la paz a dos naciones que ya habían perdido a miles de personas en la guerra. Ambos reyes, sabiendo que estaban al borde de la derrota, acordaron a regañadientes firmar la tregua de Espléchin el 25 de septiembre de 1340. La tregua estipuló la paz durante cinco años y ordenó a Eduardo y su ejército a marcharse de regreso a Inglaterra antes de que el invierno pudiera atacar con su furia.

La paz, sin embargo, fue de corta duración. Una sucesión disputada volvería a encender a Francia con la guerra. Juan III el Bueno, duque de Bretaña, murió en abril de 1341; se había casado tres veces y aún no tenía heredero. Dejó a un medio hermano llamado Juan de Montfort, pero a Juan el Bueno no le interesaba dejarle el ducado— la madre de Montfort era la odiada madrastra de Juan el Bueno. En cambio, el esposo de la sobrina del duque, Carlos de Blois, decidió que el ducado era legítimamente suyo. Felipe VI respaldó a Carlos, y Montfort decidió ir a la guerra. Eduardo aprovechó su oportunidad y abalanzó sus recursos renovados detrás de Montfort, por lo que estalló la Guerra de Sucesión Bretona, destruyendo la tregua y convirtiéndose en la primera de muchas guerras de poder que se librarían durante la Guerra de los Cien Años.

# Capítulo 3 – Muerte de una Clase Diferente

La Guerra de Sucesión Bretona fue la excusa perfecta para que Eduardo y Felipe volvieran a la batalla. Eduardo continuó respaldando a Juan de Montfort en Bretaña y presionando contra las campañas francesas en Gascuña, mientras Felipe resistía intensamente. La prolongada lucha en Bretaña continuó con algunas batallas decisivas en ambos lados. Ciudades importantes como Vannes y Nantes fueron asediadas repetidamente y cambiado manos en repetidas ocasiones, y durante los siguientes cinco años, la lucha parecía no tener una dirección real.

El hecho más irónico acerca de la Guerra de Sucesión Bretona es que Eduardo III— heredero del trono de Francia a través de la línea femenina — estaba apoyando a Juan de Montfort, heredero del Ducado de Bretaña a través de la línea masculina. Del mismo modo, Felipe estaba apoyando a Carlos de Blois, cuyo reclamo al ducado era similar al reclamo de Eduardo al trono. No cabe duda de que ambos reyes estaban buscando razones para ir a la guerra mucho más de lo que realmente les interesaban los eventos en Bretaña.

En cualquier caso, la guerra en Bretaña los mantuvo ocupados con algunas batallas durante cinco años, lo que le permitió a

Eduardo reponer sus fondos fallidos y reconstruir el ejército que había agotado sus recursos en Tournai. Para julio de 1346, Eduardo había acumulado una fuerza con la que esperaba finalmente poder recuperar algunas tierras para Inglaterra. La guerra había estado en su apogeo durante casi una década, y Eduardo todavía estaba decidido a que Francia fuera suya. O, si no podía lograrlo durante su vida, al menos le pertenecería a su heredero— el Príncipe Eduardo de Woodstock. El joven tenía solo dieciséis años en ese momento, pero el rey Eduardo estaba decidido a demostrar su valía en la batalla, y cuando la fuerza inglesa aterrizó en las costas de la península de Cotentin, el príncipe Eduardo era uno de sus comandantes.

El objetivo de esta fuerza— que contaba con aproximadamente 15.000 hombres —era ejecutar un chevauchée. Esta táctica popular se usaba comúnmente para debilitar los recursos de un reino enemigo. En un chevauchée, el ejército evitaría enfrentarse a ciudades o ejércitos fortificados, en lugar de moverse por el campo y prender fuego a las aldeas o saquear ciudades para destruir recursos que el enemigo habría usado para la guerra. Mientras que los campesinos generalmente no fueron masacrados a propósito, aquellos que resistieron fueron abatidos sin piedad, y sus casas y campos fueron quemados. El rey Eduardo ejecutó esta táctica con venganza, recordando el saqueo de los puertos ingleses, y sus jinetes arrasaron el campo destruyendo todo a su paso. Pueblo tras pueblo cayó ante ellos como el trigo ante la guadaña, y muchos de estos ricos pueblos de Normandía estaban maduros para la cosecha; por lo que los ingleses obtuvieron montañas de riqueza.

Finalmente, después de destruir la capital de Normandía, Caen, el rey Eduardo giró su fuerza hacia el río Sena y se dirigió a París. Cuando esto sucedió, Felipe finalmente tuvo suficiente. Reunió una tropa de casi 20.000 hombres— que consistía en su magnífica caballería y un grupo de mercenarios genoveses— y se dirigió a atacar a los ingleses. Al ver que su batalla había pasado rápidamente de una invasión a una defensa, Eduardo colocó a su ejército en la empinada ladera de una colina en Crécy-en-Ponthieu y esperó.

El 26 de agosto de 1346, los caballeros franceses avanzaron por el campo, brillando con su armadura en sus grandes y sudados caballos. Estas eran algunas de las mejores caballerías de Europa, y la caballería era el corazón de la guerra medieval. Fuertemente blindados en resistentes placas de acero y meticulosa cota de malla, estos caballeros eran prácticamente impenetrables; portaban lanzas largas y poderosas que podían atravesar prácticamente cualquier cosa en un cargamento, y también estaban armados con largas espadas que eran mortales en una pelea. Sus caballos eran criaturas majestuosas, ágiles y poderosas, muchos de ellos incluso entrenados para patear y morder a sus enemigos; también estaban blindados con placas de metal conocidas como bardos. Los caballos de guerra franceses, conocidos como destructores, eran particularmente poderosos. Estos animales musculosos también estaban frescos y llenos de energía; un caballero rara vez montaba su destructor de un lugar a otro. En cambio, montaría un animal menos valioso mientras su escudero lo seguía, liderando al destructor. Los ingleses a menudo usaban corceles menos valiosos— caballos rápidos y enérgicos que no eran tan fuertes y extraordinarios como el destructor.

Estos caballeros en sus poderosos caballos de guerra eran el orgullo del ejército francés, y fueron complementados por algunos de los mejores mercenarios de Europa. Los ballesteros genoveses eran muy hábiles con sus ballestas, armas capaces de lanzar grandes disparos a largas distancias y con gran fuerza. Sin embargo, las ballestas eran más lentas para cargar que los arcos, y por esta razón, los ballesteros también estaban equipados con un pavés— un escudo grande y rectangular, para protegerse mientras cargaban sus armas.

Desde las filas del ejército de su padre, el Príncipe Eduardo observó con inquietud cómo se acercaba la poderosa fuerza francesa. Su padre había tomado una decisión controvertida de desmontar a todos sus caballeros y colocarlos en un bloque sólido con algunos otros hombres armados, eliminando efectivamente su mayor ventaja, sus caballos. Pero una vez más había empleado la táctica que había tenido tanto éxito en Sluys: había flanqueado el bloque de infantería con una forma de V, conocida como grada, de arqueros. Sus filas se enlistaron con arcos mientras esperaban a que los franceses estuvieran dentro de su alcance, y el Príncipe Eduardo sabía lo poco fuerte que era la armadura francesa; la fuerza de una flecha de un arco era suficiente para atravesarla.

Aun así, no pudo evitar sentirse un poco nervioso. El príncipe Eduardo tenía solo dieciséis años, pero estaba al mando de uno de los tres bloques de infantería de su padre flanqueado por arqueros. De hecho, estaba al mando de la vanguardia —el grupo, o "batalla", de hombres que estaban más cerca del enemigo— mientras su padre estaba detrás de él, con el conde de Northampton en la retaguardia. Todavía no había sido parte de ninguna batalla importante, pero el Príncipe Eduardo se encontró frente a una carga de caballeros franceses que se aproximaban por la ladera hacia él. Su coraje vaciló por un segundo, pero no lo dejó notar. Lanzándose al frente de la línea, el Príncipe Eduardo reunió a sus hombres con un grito, su armadura negra vívida brillaba en la luz tenue mientras los franceses atacaban. Los ballesteros genoveses lanzaron el primero de sus misiles, y los arqueros ingleses respondieron con una descarga de flechas que cayeron como lluvia mortal sobre los franceses. Cuando las flechas penetraron en la línea genovesa, el príncipe Eduardo vio con emoción que los genoveses no tenían sus páveses— los habían dejado en el tren de equipaje francés. Los caballeros no tenían respaldo; se lanzaron directamente hacia la infantería inglesa sin protección contra los arqueros, y su cargamento fue derribado por la lluvia de flechas, los caballeros cayeron en todas las direcciones. La multitud de jinetes que llegaron al ejército del Príncipe Eduardo fueron cortados por armas de asta y espadas. La línea del príncipe Eduardo apenas se tambaleó. La gran carga de caballería había sido un fracaso. El rey Felipe observaba cómo los arqueros ingleses destruían a la élite de los franceses. Enfurecido, culpó a los arqueros genoveses, que huían de los arcos. Se giró hacia sus caballeros. "¡Maten a esos sinvergüenzas!", espetó: "Detuvieron nuestro camino sin ninguna razón".

Obedientemente, un destacamento de caballeros cayó sobre los mercenarios, masacrándolos sin piedad mientras sus compañeros continuaban atacando a los ingleses. Sin embargo, la línea inglesa se mantuvo a pesar del poder de la caballería francesa. En un momento, la batalla del Príncipe Eduardo se vio sometida a una fuerte presión, pero su padre se negó a ayudarlo. "¡Que el joven gane sus espuelas!", exclamó, y el joven lo hizo, atacando a sus enemigos y haciéndolos huir.

La caballería francesa fue a la carga hasta dieciséis veces esa noche. En cada ocasión, fueron rechazados por los arqueros. Los muertos franceses continuaron acumulándose, mientras que los ingleses apenas perdían hombres. Felipe mismo estuvo al borde de la muerte; dos veces sus caballos fueron disparados bajo sus pies, y dos veces se levantó de nuevo. Fue solo cuando le dispararon en la mandíbula con una flecha que el rey francés finalmente admitió la derrota. Se retiró y, a la mañana siguiente, un grupo de arqueros ingleses persiguió a los últimos hombres del ejército francés hasta las colinas.

El príncipe Eduardo fue inmediatamente reconocido. El joven fue un campeón de la batalla e inmediatamente se convirtió en un héroe de su pueblo. Se hizo legendario por su coraje y por la armadura negra que llevaba en Crécy, la cual le brindó el título de Eduardo el Príncipe Negro, un nombre que quedaría grabado en el alma de la caballería.

Pero había un enemigo al que el Príncipe Negro deseaba presentar sus respetos, y era Juan, el rey de Bohemia. John estaba ciego y envejecido, y sabía que, de una forma u otra, Crécy iba a ser su última batalla. Le pidió a su séquito que lo guiara a la lucha para poder dar un último golpe y morir en sus propios términos, no a solas y en la oscuridad. Hicieron lo que les pidió, y cayó con todos ellos, muertos en el campo de batalla, tal como había querido. Según la leyenda, por respeto a su valiente oponente, el Príncipe Negro tomó el emblema y el lema de Juan — *Yo sirvo*— por su cuenta.

\* \* \* \*

La batalla de Crécy pasaría a la historia como una de las pocas batallas medievales donde la infantería podía esperar enfrentarse a la caballería. Esto se debió en gran parte a la destreza de los arqueros ingleses. Una vez más, el rey Eduardo III había demostrado su capacidad como comandante militar, particularmente en su uso de arqueros. Los franceses se mortificaron al observar a muchos de sus caballeros— que comúnmente eran nobles— asesinados por plebeyos que empuñaban arcos.

También fue otra batalla en la que se utilizó la primera forma de cañón. Si bien estos cañones probablemente no causaron muchas bajas y fueron bastante insignificantes en comparación con los arqueros, su presencia aterrorizó a los franceses y utilizaron pólvora para disparar sus misiles. Esto lo convirtió en una de las primeras grandes batallas europeas durante las cuales se usaron armas.

Esta batalla permitió al rey Eduardo trasladar a su ejército a la ciudad fortificada de Calais, a la que rápidamente sitiaron y derrotaron al año siguiente. Calais se convirtió en una piedra angular de la invasión inglesa y permanecería bajo el control de los ingleses durante más de un siglo, incluso después de que terminara la Guerra de los Cien Años.

Pero la ofensiva del rey Eduardo no duró tanto como esperaba. Prometiendo como comenzó, en 1348, un enemigo común se levantaría contra los dos reyes en guerra, una lucha tan poderosa que los distrajo por completo de la guerra y los obligó a centrarse simplemente en la supervivencia. La peste había llegado a Francia.

Esta pandemia de peste bubónica— conocida como la Peste Negra— fue una de las mayores tragedias que ha sufrido Europa. Transmitida por las pulgas que eran comunes en las ratas domésticas en ese momento, la bacteria *Yersinia pestis* causó la muerte en tres a siete días en más del sesenta por ciento de sus víctimas. Sin comprender cómo se transmitía la enfermedad, la gente de la Europa medieval no pudo hacer nada para detenerla y poco para tratarla; arrasó en el continente con una velocidad devastadora, matando a cincuenta millones de personas entre 1346 y 1353. Ante un enemigo tan formidable que enfrentar, la guerra tuvo que ser olvidada. Miles y miles murieron; las tumbas masivas estaban cubiertas de cuerpos humanos, y apenas quedaban suficientes personas con vida para enterrar a los millones de muertos.

Los efectos sociales y económicos de la plaga fueron devastadores. Ciertamente no había tiempo para que los reyes pelearan con enemigos humanos cuando se enfrentaran a un oponente tan terrible. La Guerra de los Cien Años se estancó, pero el sufrimiento del pueblo europeo no disminuyó hasta la década de 1350. Solo llegó a su fin cuando casi dos tercios de la población estaba muerta. Inglaterra y Francia quedaron paralizadas económicamente y lentamente reconstruyeron a sus países después de la terrible destrucción de la plaga.

Eduardo III y el Príncipe Negro fueron sobrevivientes de la plaga. Y a pesar de la destrucción que acababan de presenciar, ninguno de los dos había terminado con la guerra. Tan pronto como Inglaterra pudiera recuperarse, iban a luchar por el trono que consideraban era legítimamente suyo.

# Capítulo 4 – La Incursión del Príncipe Negro

*Ilustración II: La captura del rey Juan II y su hijo Felipe el Temerario en la batalla de Poitiers. Los arcos se pueden observar en el fondo, así como el hacha de batalla del rey.*

La Peste Negra no respetaba el rango social. Se extendió por Europa matando a quien fuera a su paso— campesinos, plebeyos, caballeros, nobleza e incluso, en 1350, el rey de Francia.

El rey Felipe VI ya había perdido a su esposa y regente, Juana de Borgoña, en 1349 debido a la plaga. Irónicamente, mientras Felipe pasó gran parte de su reinado luchando en la Guerra de los Cien Años en un intento de proteger su trono, Juana fue quien se encargó de la mayor parte del reinado; era una mujer indomable y vehemente, tan intelectual como intrépida y, por lo tanto, nada peculiar en una era gobernada casi exclusivamente por hombres. Aun así, fue un golpe devastador para Felipe cuando Juana murió. La siguió no mucho después, reclamado, como ella, por la terrible peste.

Felipe, al menos, había logrado tener un heredero. Su hijo mayor, Juan II— más tarde conocido como Juan el Bueno— fue coronado rey de Francia el 26 de septiembre de 1350. Juan II se casó con Bona de Bohemia, la hija de ese valiente y trágico rey ciego que había muerto en la batalla de Crécy.

Mientras tanto, Inglaterra se recuperaba de los estragos de la Peste Negra. Su economía estaba volviendo a la estabilidad, y con la peste casi erradicada, el Rey Eduardo y el Príncipe Negro podían volver a pensar en la guerra. El rey Eduardo estaba forjando una alianza con el rey de Navarra y ahora tenía a Juan IV el Conquistador, hijo de Juan de Montfort, quien ahora estaba luchando en la Guerra de Sucesión Bretona en ese momento, como un aliado; planeaba navegar a Navarra, pero los nobles ingleses en Gascuña se quejaban de la opresión francesa y tenían hambre de venganza, por lo que el rey Eduardo decidió que era hora de otro chevauchée. El 9 de septiembre de 1355, el rey Eduardo envió a su hijo, el Príncipe Negro, a Gascuña para retomar el ataque contra Francia.

El Príncipe Eduardo tenía una fuerza mucho menor que la de su padre durante el chevauchée anterior que terminó en la Batalla de

Crécy, pero estaba decidido a causar el mismo caos en el país enemigo. Con un ejército de aproximadamente 6.500 hombres, compuesto por caballeros, arqueros e infantería, el Príncipe Negro se dirigió al campo y tomó venganza sobre las ciudades y pueblos. Saqueando y despojando donde quiera que fuera, arrasó con Francia en ocho semanas de destrucción. Las principales ciudades fueron saqueadas, aunque sus ciudadelas fortificadas quedaron intactas, y el Príncipe y sus hombres se llevaron consigo innumerables tesoros. Para cuando regresaron a Burdeos, habían logrado asegurar una gran recompensa para Inglaterra.

En julio de 1356, casi un año después de la primera salida desde Inglaterra, el Príncipe Negro lanzó otro ataque. Su plan era cruzar Francia y llegar a Normandía, donde podría encontrarse con su padre y atacar al Rey Juan con toda su fuerza. Él y su ejército partieron, una vez más saqueando cada pueblo a su paso; notablemente, esta vez atacaron ciudades fortificadas. Vierzon cayó con relativa facilidad; Romorantin, no fue una excepción. Podría haber sido más sabio dejar a Romorantin, pero en cambio, el Príncipe Negro estaba cegado por el dolor después de que uno de sus amigos había muerto en la lucha. Asedió el castillo durante tres días y finalmente lo derrotó usando fuego griego— un misterioso compuesto que ardía en contacto con el agua y había sido utilizado en la guerra desde su invención por los bizantinos en el siglo VII d. C., pero cuya composición se perdió con el paso del tiempo.

La pérdida de las ciudadelas advirtió al rey Juan de Francia que se estaban gestando verdaderos problemas. Comenzó a acumular un gran ejército y lo alistó a lo largo de las orillas del Loira, evitando efectivamente que el Príncipe Negro pudiera llegar a sus aliados en Bretaña y Navarra. El príncipe Eduardo se vio obligado a regresar a Burdeos, pero aun así logró saquear más ciudades a medida que avanzaba. Sin embargo, el rey Juan había tenido suficiente. Reuniendo su gran fuerza, siguió el rastro de destrucción del Príncipe Negro, decidido a alcanzarlo y luchar contra él.

El rey Juan II siempre había sido un hombre enfermo. Raramente competía en las justas o cazaba, a diferencia de muchos de los reyes guerreros de su época; sin embargo, sabía que tenía que hacer frente a esta guerra y, a diferencia de los líderes políticos de la actualidad, tenía que actuar como general y ocupar el primer puesto en sus filas para tener alguna credibilidad entre su pueblo. Hizo marchar a su ejército lo más veloz posible, sabiendo que sumaban casi el doble de la fuerza del Príncipe Negro, y decidió atraparlos antes de que pudieran llegar a la ciudad de Poitiers y cavar —lo que podía necesitar un asedio.

El 19 de septiembre de 1356, el rey Juan tuvo éxito en su misión. Se interpuso entre los ingleses y Poitiers, y entonces el Príncipe Negro se vio obligado a luchar contra un ejército de 11.000 hombres—solo tenía alrededor de 6.000 hombres a su mando. Su ejército se detuvo, cara a cara con los franceses, y el Príncipe Eduardo sabía que estaba en problemas. Tendría que negociar con el rey francés para evitar una batalla completa.

Las negociaciones pasaron de un lado a otro durante varias horas. El príncipe Eduardo ofreció términos generosos: todas las recompensas que había aprovechado en su último chevauchée, así como una tregua de siete años. Pero esto no fue suficiente para el rey Juan. Exigió que el Príncipe Negro se rindiera a sí mismo y a todo su ejército, lo que les permitiría obtener un rescate por una abrumadora cuota que podría terminar efectivamente la guerra para Inglaterra si el Rey Eduardo pudiera recaudar el dinero. Y si no lo hubiera hecho, habría perdido a uno de sus comandantes más prometedores y una gran parte de su ejército. El Príncipe Eduardo rechazó los términos y preparó a sus hombres para la batalla. No había otra opción.

El Príncipe Negro escondió a sus soldados en los huertos y cercos del campo, ocultando su gran esperanza— sus dos mil arqueros— en un espeso cerco que flanqueaba el camino. El resto de sus caballeros y otros soldados estaban ocultos en los huertos, sin que el rey Juan II lo supiera, quien podía observar poco excepto el tren de equipaje inglés. Cuando el Príncipe Negro envió el tren de equipaje a un lugar seguro, el Rey Juan lo confundió con un retiro inglés. Envió a trescientos caballeros alemanes hacia adelante para hacer la primera carga y descubrir dónde escondía el Príncipe Negro a sus hombres. Los caballeros avanzaron audazmente por el camino, listos para arrasar con los ingleses, y se encontraron con una lluvia de flechas que estallaron desde el espeso cerco como mensajeras de la muerte. Las flechas atravesaron la armadura de placas de sus caballos, perforando sus espaldas y patas traseras, derribándolas una a la otra al galope. Cuando los caballos más importantes cayeron, hicieron que los caballos detrás de ellos tropezaran y arrojaran a sus jinetes, con las flechas aún cayendo sobre los caballeros con un efecto devastador. Casi ninguno de los alemanes sobrevivió al ataque.

Al notar que su caballería sería inútil, el rey Juan ordenó a sus hombres que desmontaran y marcharan por el camino hacia los arqueros e infantería ingleses y los atacaran a pie. La primera columna en atacar fue ordenada por el hijo mayor del rey Juan, el Delfín (heredero del trono) Carlos. Sus hombres estaban exhaustos por su dura marcha y tropezaron directamente con la trampa inglesa. Irrumpiendo desde los cercos, los arqueros y la infantería pesada del Príncipe Negro rodearon a las fuerzas del Delfín y los abrumaron rápidamente. Cansada y derrotada, la columna del Delfín retrocedió y se enfrentó contra la segunda de las columnas del rey Juan— comandada por el duque de Orleans— ralentizándolas e infundiendo consternación y desconcierto en todas sus filas.

Confundido por la retirada del Delfín, Orleans ordenó a sus hombres que también retrocedieran, y en el caos, el Príncipe Negro obtuvo su oportunidad de despedir a los franceses. Ordenó a sus caballeros que volvieran a sus caballos, y la caballería se adelantó para perseguir a los franceses que huían. Cuando la caballería del Príncipe Negro golpeó a los franceses, fueron llevados directamente contra la columna del Rey Juan, y comenzó una fuerte lucha— jinetes enfrentados contra la infantería y entre ellos, los arqueros arrojando sus poderosos arcos a un costado y atacando a los franceses con un simple cuartel con dagas y martillos de guerra. El mismo rey Juan estaba en medio de la pelea, empuñando una poderosa hacha de batalla, pero esto no fue suficiente. El ejército francés se percató de que corrían el riesgo de ser rodeados y masacrados, por lo que huyeron aterrorizados. Solo quedaba un grupo de caballeros leales luchando en grupos aislados, así como el rey Juan y su hijo menor, Felipe el Audaz, de catorce años.

Fue Sir Denis Morbeke, de Artois, quien observó al rey y a su valiente hijo tratando de detener a los ingleses. Sir Denis había sido francés, pero fue exiliado a Inglaterra después de cometer un asesinato y ahora luchaba en el lado inglés; sin embargo, su corazón estaba con el rey Juan y su hijo, y decidió extenderles una mano de misericordia. Cabalgando hacia ellos, se dirigió al Rey con respeto, pidiéndole su rendición.

El joven Felipe se aferraba al brazo de su padre, y el rey Juan sabía que luchar por su honor costaría la vida de su hijo. "¿A quién me rendiré?", preguntó cansado. "¿Dónde está mi primo, el Príncipe de Gales? Si pudiera verlo, hablaría con él".

Aliviado, Sir Denis le dijo: "Señor, él no está aquí; pero ríndase ante mí y le llevaré con él".

El rey Juan se quitó el guante derecho y se lo entregó de mala gana al caballero. "Me rindo a usted", dijo en voz baja.

De modo que Sir Denis llevó al rey y a su hijo al Príncipe Negro, quien los tomó a ambos— y a muchos de los señores y caballeros franceses sobrevivientes— como prisioneros. El rey Juan y el joven Felipe fueron tratados con respeto, cenando con el Príncipe en su tienda personal, pero esto no negó el hecho de que los franceses habían sido derrotados decisivamente. 2.500 franceses habían sido asesinados y otros 1.900 capturados; el rey estaba prisionero, dejando a su hijo Carlos, que solo tenía dieciocho años, para gobernar un país devastado por la peste y la guerra. El Príncipe

Eduardo continuó a Burdeos sin oposición y triunfante con un botín significativo y muchos prisioneros. Los arqueros ingleses habían demostrado su valía una vez más, aunque en este caso, el Príncipe Negro había usado el miedo hacia ellos para su conveniencia en lugar de usarlos para destruir a muchos franceses; fue la carga de caballería tradicional la que realmente había dado fin a la batalla.

Francia estaba en completo desorden. El Delfín Carlos intentó reunir a su país, pero se encontró con el caos y la resistencia. Trató de recaudar fondos para rescatar a su padre aumentando los impuestos, pero este fue un gran error, ya que los nobles se rebelaron contra él y comenzaron a saquear a los campesinos una vez más, tratando de recuperar algunas de las riquezas que el Príncipe Negro se había llevado.

La victoria inglesa nunca había estado tan cerca. Pero la guerra estaba lejos de terminar.

# Capítulo 5 – El Tratado de Brétigny

El Príncipe Negro regresó triunfante a Inglaterra, con sus barcos cargados de recompensas francesas y su prisionero más valioso— el Rey Juan de Francia— a bordo. Recibió la bienvenida de un héroe, y el rey Juan y sus nobles fueron rescatados por millones de coronas— mucho más de lo que Francia podría haber recaudado. Durante los años siguientes, el rey Juan permanecería en cautiverio, originalmente en Burdeos y más tarde en Windsor, Inglaterra. Sin embargo, su encarcelamiento no fue en ningún instante un momento de gran sufrimiento. Aunque el rey debe haber estado preocupado por el caos al que descendía su país, todas sus necesidades estaban bien atendidas. De hecho, el rey Juan vivió rodeado de lujo.

Mientras tanto, el Delfín Carlos estaba luchando por mantener una cierta apariencia de control sobre Francia, y estaba fallando en ello. Su enfoque principal no era gobernar el país sino recaudar fondos para el rescate de su padre e invadir Inglaterra; trató de lograrlo aumentando los impuestos y devaluando la moneda, ambos movimientos lo convirtieron en impopular con su gente. Ya se sentían decepcionados después de tres dramáticas derrotas militares contra los ingleses, y no tomó mucho llevarlos al límite. Las rebeliones obligaron a Carlos a salir de París. Durante varios meses, tuvo que ignorar la Guerra de los Cien Años en un intento desesperado por controlar a su gente. Fue solo en agosto de 1358 que Carlos logró regresar a París y recuperar su capital.

En 1359, el rey Juan, en ese momento cautivo en Inglaterra, estaba desesperado por la libertad. Había oído que Francia se estaba desmoronando y que su hijo menor estaba en grave peligro, y sabía que tenía que regresar a toda costa— incluso si eso significaba que los ingleses ganaran la guerra. Firmó un tratado unilateral que implicaba entregar gran parte del territorio francés a los ingleses y un rescate casi incomprensible de cuatro millones de coronas. Carlos no tenía suficiente dinero para rescatar a su padre, y rechazó el tratado, sabiendo que las consecuencias serían devastadoras. Y así lo fueron.

El rey Eduardo III ya era un hombre mayor; el adolescente que había desafiado al rey de Francia ahora era de mediana edad y estaba al borde de la victoria. Tan pronto como Carlos rechazó el tratado, Eduardo tomó la oportunidad. Navegó a Francia a fines de 1359, determinó que sería coronado rey de Francia y que tomaría el país ahora que ya había capturado a su rey.

Al principio, parecía que Eduardo tendría éxito. Carlos regresó a París, pero su salud estaba fallando; en retrospectiva, los historiadores han especulado que sus síntomas parecían a los de envenenamiento por arsénico, por lo que es probable que uno de sus enemigos intentara matarlo lentamente. El ejército estaba en desorden, ya que no había fondos para formarlo, y muchos de los nobles aún se rebelaban contra el Delfín. Eduardo fijó su mirada en Reims, tradicionalmente la ciudad donde los reyes franceses siempre fueron coronados, y condujo a su ejército rápidamente hacia ella. Esta vez no hubo quemaduras ni saqueos— tenían un solo objetivo, y era hacer de Eduardo el rey de Francia.

En diciembre de 1359, Eduardo llegó a Reims y asedió la ciudad. Esperaba que el asedio de Reims atrajera al ejército de Carlos a un campo de batalla abierto, donde sabía que podía derrotar fácilmente a los franceses como lo había hecho en Crécy y Poitiers. Pero Carlos había visto demasiada destrucción como para caer en la táctica de Eduardo. Iba a excavar en sus ciudades fortificadas y mantenerse firme a medida que caía el invierno, sabiendo que había cimentado las fortificaciones tanto de Reims como de París lo suficiente fuertes como para que los ingleses pudieran detenerse.

En Reims, Eduardo no ejecutó ningún ataque significativo. En cambio, trató de hacer morir de hambre a la ciudad incluso mientras intentaba negociar con ellos. No quería arrastrar a Reims al suelo; quería ser coronado en él, y estaba tan seguro de la victoria que era renuente a destruir cualquier cosa más en Reims o en el resto del país porque estaba seguro de que pronto sería su reconstrucción. Intentó convencer a la gente de que iba a ser su rey y que esto no significaba nada más que un beneficio para ellos, pero los franceses se quedaron detrás de sus barricadas y se negaron a escuchar sus palabras. Finalmente, después de cinco semanas, Eduardo tuvo que abandonar el asedio porque se había quedado sin comida para los caballos de su ejército. El ejército se vio obligado a abandonar Reims de manera pacífica e ir más lejos en busca de comida para los hombres y los caballos.

Sin embargo, Eduardo no estaba dispuesto a rendirse. Dirigió su ejército hacia París, decidido a tomar la capital— si París caía, Reims también sería suyo. El Delfín tuvo que observar con temor mientras Eduardo y su ejército marchaban hacia su ciudad, pero se negó a moverse, permaneciendo escondido en su castillo mientras Eduardo se acercaba a los suburbios, con la esperanza de asediarlo. Sin embargo, no fue así. Mientras la mayor parte del ejército de Carlos permaneció en la ciudadela fortificada, cuando Eduardo llegó a los suburbios, los soldados que esperaban ahí se encontraron con una fuerte resistencia. Se vio obligado a retirarse, percatándose de que el objetivo de asediar París era un poco más elevado de lo que había previsto.

En cambio, Eduardo se volvió hacia Chartres, otra ciudad importante. Pero nunca llegaría a la ciudad. Estaba a punto de ocurrir un desastre que nadie podría haber anticipado y devastaría al ejército inglés.

\* \* \* \*

Eduardo había acampado con su ejército en una llanura abierta, la silueta cercana de Chartres estaba grabada contra el cielo gris en líneas negras y cuadradas que hablaban amenazadoramente de la pelea que estaba por venir. Se sentó fuera de su tienda, mirando a los miles de hombres y caballos que lo rodeaban. Su armadura brillaba a la luz de la tarde, y Eduardo no pudo evitar sentir una punzada de orgullo. Este ejército había logrado lo que muchos habrían considerado imposible, y la victoria estaba tan cerca que casi podía saborearla. Eduardo regresó, mirando alrededor del campo francés, y sonrió. Finalmente, obtendría lo que era legítimamente suyo— la corona por la que había luchado por tanto tiempo y por la que se había derramado tanta sangre.

Un trueno partió el cielo. Sorprendido, Eduardo levantó la vista para observar nubes densas y negras que se esparcían por el cielo, abatiéndose y agitándose mientras invadían el aire. Otro trueno hizo temblar el suelo debajo de las botas del rey guerrero. Los caballos relincharon inquietos, tirando de sus estacas y pateándose unos a otros mientras los escuderos corrían para calmarlos antes de que pudieran soltarse; los caballeros se apresuraron por la seguridad de sus tiendas, y un viento inquieto comenzó a azotar los estandartes sobre cada tienda, extendiéndolos ampliamente contra el cielo gris.

Entonces todo se volvió blanco. El trueno fue tan intenso que hizo que Eduardo se tambaleara, llenando su mundo de luz y sonido. Los gritos llenaron el aire, y cuando Eduardo logró sacudirse el aturdimiento de su cabeza, tuvo una vista devastadora: dos de sus comandantes yacían inmóviles en el suelo, con humo saliendo de sus cadáveres quemados. Habían sido alcanzados por un rayo.

Los gritos de pánico de hombres y caballos llenaron el aire mientras el trueno continuaba gruñendo y golpeando sobre ellos. Los cielos se abrieron y la lluvia comenzó a caer sobre ellos, impulsada por el viento. Las pesadas gotas azotaron la cara y la barba de Eduardo mientras corría a cubrirse, aferrándose a donde se establecieron. Una de esas gotas se estrelló contra su nuca, era dura y helada. Hizo una pausa, parpadeando en el suelo donde había aterrizado el pequeño misil. No era una gota de lluvia. Era una granizada masiva.

El rugido del granizo que caía sobre el campamento era casi incomprensible. Golpeaba la armadura, rasgaba la tela y golpeaba la carne del hombre y la bestia. Era demasiado intenso, incluso para los caballos entrenados para batalla. El granizo era tan grande que destrozaba huesos donde aterrizaba; los caballos cayeron muertos en las líneas, los hombres en sus tiendas. Los caballos se precipitaron, varios miles de destructores entrenados y corredores de flota rompieron sus lazos y galoparon por el paisaje, pisoteando a hombres y equipos en su lucha por su seguridad, cayendo muertos cuando el granizo los golpeó como piedra a donde corrieran.

Eduardo no podía creer lo que veía. Nunca había visto una tormenta similar, ni siquiera había oído hablar de ella, y sabía que esta tormenta anormal no era un acto de mera naturaleza. Cayó de rodillas y levantó la cara hacia el cielo, con los ojos desorbitados mientras el viento le azotaba la barba. Gritó a Dios pidiéndole perdón, rogándole misericordia, diciéndole que observó y entendió su mensaje— que la guerra en Francia no era la voluntad del Señor. Cuando sus hombres y caballos murieron a su alrededor, el rey Eduardo III se arrodilló y rezó desesperado.

\* \* \* \*

Cuando la tormenta de granizo finalmente disminuyó después de media hora de masacre, el ejército de Eduardo fue casi destruido. Mil hombres y seis mil caballos que yacían muertos cubrían el paisaje una vez pacífico. Fue un golpe devastador, pero peor aún fue el golpe al espíritu de Eduardo. Estaba convencido de que la tormenta fue un acto de Dios enviado para proteger a los franceses. Claramente, no estaba destinado a convertirse en el rey de Francia. Quizás toda la guerra había sido en vano. De cualquier manera, Eduardo se arrepintió. Se ofreció a negociar con los franceses.

El "lunes negro", como se denominó, se conoce actualmente como un evento anormal. La tormenta de granizo del 13 de abril de 1360 trajo consigo una violenta fuerza que las tormentas rara vez presentan en esa área. Cualquiera que hubiera sido su causa, precipitó una conferencia en la ciudad de Brétigny donde el rey Eduardo III firmó una tregua duradera conocida como el Tratado de Brétigny. Canceló por completo su reclamo al trono francés y firmó la mayoría de los territorios que él y el Príncipe Negro habían ganado durante la guerra. Obtuvo algunas tierras en Gascuña y mantuvo cautivo al Rey Juan, aunque redujo el rescate a tres millones de coronas.

Incluso con el rescate reducido y las tierras devueltas, el Príncipe Carlos no podía permitirse el lujo de recuperar a su padre. Sin embargo, eventualmente negoció con el Rey Eduardo para entregar a otros ochenta y tres rehenes que se conservarían en su lugar por el Rey Juan. El rey Eduardo aceptó, y el rey Juan fue liberado y regresó a Francia pacíficamente.

Su libertad no duraría mucho. Uno de los rehenes era el hijo del rey Juan, Luis, quien se suponía que debía ser liberado por un pago de rescate dentro de seis meses. Cuando Francia no pudo hacer el pago, Luis se enfrentó a una prisión de por vida. Escapó del castillo donde lo retenían y navegó de regreso a Francia para consternación de su padre, quien sintió que las acciones de su hijo eran deshonradas. Sin embargo, en lugar de enviar a Luis de regreso, otro rey Juan de gran corazón decidió que dependía de él hacer algo honorable y regresó a Inglaterra como cautivo en enero de 1364. Murió en cautiverio en Londres en abril de 1364, y por su fe y honor, es conocido en la historia como el Rey Juan el Bueno.

La primera etapa de la Guerra de los Cien Años terminó después de veintitrés años de lucha. Pero la guerra estaba lejos de terminar. Acababa de comenzar.

# Parte Dos: La Guerra Carolina (1369-1389)

# Capítulo 6 – Carlos el Sabio

Con su padre, el rey Juan II muerto, el Delfín Príncipe Carlos se convirtió en el próximo rey de Francia. Antes de su coronación, sin embargo, se percató que había problemas en su frontera.

Navarra era un pequeño reino entre Castilla y Francia cerca de Gascuña y fue gobernado por el rey Carlos II. Durante un breve período a principios del siglo XIV, Navarra había sido parte de Francia; pero después de la muerte del rey Carlos IV, se convirtió en un reino independiente una vez más, y en una venganza contra Francia. Con el apoyo de los ingleses, Navarra disputaba la posesión del ducado de Borgoña, y el cuerpo del rey Juan apenas perecía cuando lanzaron una ofensiva. Su comandante era un gascón llamado Juan III de Grailly, Captal de Buch; él había sido quien lideró la carga decisiva en la Batalla de Poitiers, pero su suerte se había acabado esta vez.

El nuevo rey de Francia estaba decidido a no permitir que Grailly lo atacara dos veces. Al pretender retirarse, logró engañar a los arqueros de Grailly para que lo persiguieran, rompiendo sus filas defensivas; cuando los ingleses intercambiaron sus poderosos arcos por simples dagas, el combate cuerpo a cuerpo se intensificó. Los navarros se vieron rápidamente abrumados y sufrieron una derrota decisiva.

Habiéndose establecido como un guerrero formidable, el Delfín regresó triunfante a Reims y fue coronado como el Rey Carlos V. El primer problema que enfrentó el Rey Carlos fue deshacerse de las compañías mercenarias que se habían vuelto rebeldes después del Tratado de Brétigny de 1360. Durante cuatro años, los mercenarios que habían estado tan cómodamente empleados durante la primera etapa de la Guerra de los Cien Años se encontraron sin una fuente de ingresos. La guerra era todo lo que conocían, y sin una guerra para luchar, los mercenarios no tenían forma de alimentarse. Se dedicaron a robar y saquear en cualquier lugar que podían, causando caos en toda Francia y paralizando aún más su economía en quiebra. El rey Carlos tuvo que encontrar una forma más sencilla de luchar en algún lugar—sin atacar directamente a los poderosos ingleses— para sacar a estos mercenarios, conocidos como Tard-Venus, del país para causar estragos en otro lugar.

Las grandes cruzadas de Europa en el Medio Oriente se habían detenido hacía décadas, pero todavía se estaban haciendo algunas incursiones en otros lugares, y esto le pareció a Carlos una diversión útil para el Tard-Venus. Intentó enviarlos a Hungría en una cruzada, pero este intento fue frustrado por los propios ciudadanos de Francia. La gente que vivía en Estrasburgo no quería tener nada que ver con tener a Tard-Venus en su rincón relativamente tranquilo del país, y cuando los mercenarios se acercaron al río Rin, se resistieron enérgicamente. Enfurecidos porque los súbditos de su rey y de su propio empleador estaban en contra de ellos, el Tard-Venus regresó a París, clamando por algún otro empleo.

Al menos el rey Carlos era consciente que si había una cosa que no le faltaba a la Europa medieval, era la guerra. Al ver que la cruzada sería inútil, Carlos apuntó a un objetivo más cercano a su hogar: Castilla. Ahora parte de la España moderna, Castilla era un pequeño reino en aquel momento y había estado envuelto en su propia guerra civil de sucesión desde 1351. El rey Pedro de Castilla, también conocido como Pedro en el mundo de habla inglesa— había sido coronado en 1350, pero su medio hermano ilegítimo Enrique de Trastámara, rápidamente impugnó su gobierno. Pedro era mal visto por la gente por ser un líder autoritario que gobernaba a sus súbditos con mano de hierro. Si bien era el heredero legítimo del trono, a la gente de Pedro no le agradaba, y cuando Enrique intentó invadir en 1351, obtuvo un gran apoyo de la gente. Para 1365, un año después de que Carlos fuera coronado, los dos hermanos estaban librando una guerra sombría. Al detectar la oportunidad no solo de deshacerse de Tard-Venus, sino también de dar un golpe contra los ingleses, Carlos V envió a 12.000 hombres en ayuda de Enrique en Castilla.

Este ejército fue dirigido por un caballero bretón llamado Bertrand du Guesclin. Bertrand acababa de llegar al frente de la Guerra de Sucesión Bretona, donde había apoyado a Carlos de Blois. También fue un héroe en la batalla de Cocherel, la reciente lucha entre los navarros y los franceses, donde había derrotado a las fuerzas inglesas al mando de Juan III de Grailly. A pesar del hecho de que Bertrand era relativamente de clase social baja, su destreza en el campo de batalla y su habilidad como comandante militar ya lo habían convertido en uno de los militares más importantes de toda Francia.

Junto con Enrique de Trastámara, Bertrand invadió Castilla en 1365. Pedro no estaba preparado para una invasión a una escala tan masiva; fortaleza tras fortaleza cayeron ante el ejército de Bertrand, y a principios de 1366, Pedro había sido expulsado de Castilla y Enrique fue coronado rey Enrique II de Castilla. Estaba tan satisfecho con el servicio de Bertrand que lo convirtió en su sucesor, otorgándole el título de Conde de Trastámara.

Sin ningún lugar a donde recurrir, Pedro— que había firmado una alianza con Inglaterra en 1362— huyó a Gascuña, donde el Príncipe Negro estaba actuando como virrey del rey Eduardo III. Le rogó al Príncipe Negro que lo ayudara, pero el Príncipe se mostró renuente a romper los términos del Tratado de Brétigny. Pedro finalmente logró convencerlo prometiéndole tierras en Castilla, y en 1367, el Príncipe Negro y parte de su ejército marcharon hacia Castilla. El Príncipe Negro decidió actuar en su calidad de gobernante de Aquitania en lugar de príncipe de Inglaterra, tratando de no romper el tratado, pero el ataque de las tropas francesas en Castilla envió un mensaje claro al rey Carlos: Eduardo III podría haberse arrepentido brevemente de su hambre por la corona francesa, pero el Príncipe Negro no tenía intenciones de renunciar a la guerra.

El Príncipe Negro estaba realmente interesado en contraatacar contra el Rey Carlos, y también tenía la vista puesta en la armada castellana. Su flota de buques de guerra era mucho más vasta y tenía mejores barcos que los suyos o los de los franceses; sabía que sería casi invencible en el océano si pudiera obtener el control de esa flota. Su único problema era que, con Inglaterra y Gascuña saqueadas por la guerra, no tenía dinero para lanzar un ataque contra un país lejano. Pedro resolvió este problema prometiéndole al Príncipe Negro que le reembolsaría el dinero, y esto jugó un papel importante en por qué el Príncipe Negro acordó marchar sobre Castilla.

Llegaron a La Rioja, Castilla, el 3 de abril de 1367, a pocos kilómetros de la ciudad de Nájera. En lugar de esperar que vinieran de Navarreta, Enrique había colocado a su ejército mirando hacia el este, pero el Príncipe Negro se escabulló alrededor de su flanco y atacó repentina y dramáticamente desde el noreste. Por un momento estaba amaneciendo pacíficamente; al siguiente, Enrique y Bertrand levantaron la vista para observar la colina sobre ellos erizada de lanzas, la dramática figura del Príncipe Eduardo con su armadura negra como la noche brillando en su cabeza.

A pesar del hecho de que el ejército de Enrique solo contaba con la mitad del ejército de Pedro y el Príncipe Negro, él y Bertrand enfrentaron valientemente el poder de los gascones, pero todo fue en vano. Al ver que nunca podrían ganar, muchos de los soldados de Enrique desertaron al lado de Pedro en medio de la batalla;

presionados por todos lados, los últimos pocos fieles lucharon hasta la muerte. Más de la mitad del ejército de Enrique fue asesinado. Enrique mismo logró huir a través de los Pirineos y buscó refugio en Francia, pero Bertrand fue capturado y rescatado por el Príncipe Negro.

Sin embargo, al final no fue una victoria para los ingleses: fue una victoria para Pedro. En un movimiento engañoso que finalmente lo alejaría de la mayor parte de Europa, Pedro no pagó ninguna de sus deudas al Príncipe Negro, quien se vio obligado a regresar a Gascuña en 1368 con las manos vacías y un ejército que había sido devastado por las enfermedades españolas, para las que no tenían inmunidad. En un intento desesperado de pagar las deudas en las que el Príncipe Negro había incurrido para mantener a Pedro, gravó fuertemente a Gascuña.

Los gascones del Príncipe Negro ya estaban inquietos antes del impuesto. Muchos de los compatriotas del Príncipe Negro se habían mudado a Gascuña con él, y él les había otorgado posiciones de poder, haciendo que los gascones nativos se sintieran oprimidos. Los impuestos solo empeoraron las cosas. Un noble descontento fue Arnaud-Amanieu VIII, Señor de Albret. Si bien había sido parte de la campaña contra Enrique, Albret esperaba recibir una compensación generosa por su problema: no pagar impuestos tan graves después de ello. Se negó a pagar los impuestos y apeló a Carlos V para que lo apoyara. El rey, que estaba satisfecho de ver a su enemigo en problemas, emitió una convocatoria para llevar a Albret y al Príncipe Negro a París para una audiencia. Enfurecido, el Príncipe Negro respondió que la única forma en que iría a París sería con un ejército. No fue una declaración de guerra, pero fue suficiente para encolerizar al rey Carlos. Sabiendo que su enemigo estaba financieramente incapacitado, perdió las tierras inglesas en Francia, y el Príncipe Negro— que padecía de una enfermedad que había contraído en Castilla, posiblemente incluso fue envenenado—

se encontró tratando de controlar un ducado que se había rebelado contra él y se unió a su enemigo.

Incluso Castilla ya no era aliada del Príncipe Eduardo. Animado por el hecho de que el formidable Príncipe Negro había regresado a Gascuña y era poco probable que volviera a prestar ayuda a Pedro, Enrique atacó a Castilla nuevamente en 1369 y se restableció en el poder, asesinando a su medio hermano.

La guerra civil castellana había terminado. Pero la Guerra de los Cien Años había vuelto a su apogeo.

# Capítulo 7 – La Muerte de John Chandos

*Ilustración III: La Iglesia de la Abadía de Saint-Savin, hoy Patrimonio de la Humanidad por la UNESCO.*

Sir John Chandos era un hombre mayor para los estándares medievales. Aproximadamente a los cincuenta y cinco años, había visto algo más que su dosis justa de la guerra, y estaba cansado de la guerra con los franceses que había comenzado cuando era solo un joven de diecisiete años. Había sido uno de los caballeros que reconoció los barcos anclados esa brumosa mañana antes de la Batalla de Sluys; él también había estado en la Batalla de Crécy y jugó un papel decisivo en la elaboración de la estrategia que había hecho de la batalla un éxito tan magnífico. También había luchado en Nájera, siguiendo la armadura negra del Príncipe Eduardo en todo el continente mientras intentaba demostrar su caballería y coraje, como lo haría cualquier buen caballero de su época.

Era un caballero valiente, pero más que eso, era un intelectual. Si bien fueron el rey Eduardo y su hijo quienes ejecutaron los planes que produjeron brillantes victorias tanto en Crécy como en Poitiers, Sir John había sido el autor intelectual después de ellos. Era el amigo más devoto del Príncipe Negro, convirtiéndose para Inglaterra en lo que Bertrand du Guesclin era para Francia. Su fuerza como estratega, comandante y diplomático le valió el título de oficial de Gascuña en 1362.

Mientras que la Guerra de los Cien Años supuestamente estaba en una tregua en ese momento, a Sir John no le faltaron batallas para demostrar su valía. Fue Sir John quien dirigió la última batalla de la Guerra de Sucesión Bretona, esa lucha entre Carlos de Blois respaldado por Francia y el favorito inglés Juan de Montfort, que había estado furioso durante años. En la Batalla de Auray en septiembre de 1364, Sir John Chandos y Juan de Montfort sitiaron la fortaleza de Auray, venciendo a Carlos de Blois y Bertrand du Guesclin en una acalorada batalla que mató a Carlos de Blois y efectivamente puso fin a la Guerra de Sucesión Bretona. Juan de Montfort se convirtió en duque de Bretaña, y Sir John regresó a Gascuña como un héroe confirmado y fue muy aclamado en su posición como oficial de Gascuña.

Poco después, sin embargo, se enfrentó con el rey sobre los estrictos impuestos que el Príncipe Negro estaba imponiendo al pueblo y decidió retirarse de su carrera militar y administrativa. Sir John se dirigió a su propiedad en Normandía en un intento por vivir el resto de sus días en paz.

Pero no sería así. A finales de 1369, Gascuña estaba en rebelión, y el Príncipe Negro estaba luchando por controlar el territorio que ya tenía—sin importar lo que esperaba obtener de Francia. Ahora, a sus cincuenta años, Sir John se vio obligado a regresar a la guerra cuando el rey Eduardo III lo convocó, al ver que los ingleses necesitarían a todos los hombres que pudieran obtener si podían esperar vagamente recuperar Francia.

Sir John fue enviado a Poitiers, el mismo lugar donde había ayudado a derrotar a los franceses en la batalla que había visto al Rey Juan el Bueno capturado. Pero Juan el Bueno estaba muerto, y su vengativo hijo, el rey Carlos V, estaba decidido a recuperar lo que su padre había perdido. A medida que el invierno se asentaba en el paisaje francés, el rey Carlos comenzó a apretar el lazo alrededor de los ingleses. A solo unas pocas millas de Poitiers, dos de sus señores ocupaban pequeños castillos, sus fuerzas lentamente cada vez más cerca.

Sir John observó esto con inquietud. Sabía que no tenía los recursos que había usado una vez en las batallas anteriores en las que había demostrado ser tan exitoso; la lucha castellana había paralizado financieramente al Príncipe Negro, y las tropas inglesas se extendieron por un país que estaba completamente en rebelión. Aun así, decidió que valía la pena intentar recuperar Saint-Savin, una gran abadía cerca de Poitiers que estaba bajo el control del francés Louis de Saint Julien Trimouille, señor de Lusignan.

Al amparo de la oscuridad, los hombres de Sir John se trasladaron por el paisaje invernal, en dirección a la abadía. Su techo largo y recto, coronado en un extremo con una torre afilada que se apuñaló entre las estrellas, se recortó como una silueta negra contra la noche plateada. Frost crujió bajo los pies de los hombres de Sir John mientras miraban fijamente los cuadrados dorados que las ventanas de la abadía iluminaban en la noche. La luz de la antorcha se reflejaba en las aguas del Sena, en cuya orilla estaba construida la abadía.

En silencio, Sir John y sus caballeros se dirigieron hacia la abadía. Entonces, se oyó el sonido de unos caballos. Sir John detuvo bruscamente a sus hombres y escuchó atentamente. ¡Franceses! ¡Habían sido descubiertos! En un pánico silencioso, Sir John empujó a sus hombres hacia Poitiers en un retiro organizado hacia el río Viena. Planeaba cruzar el puente en Lussac, con la esperanza de que pudieran regresar a Poitiers sin el descubrimiento francés. Sabía que los ingleses serían horriblemente superados en número y, peor aún, que habían dejado a Poitiers apenas defendido.

Galopando durante la noche, los jinetes franceses no tenían idea de que los ingleses planeaban atacar a Saint-Savin. A pesar de lo que Sir John pensó, los franceses ni siquiera sabían que él y sus hombres estaban en la zona. Su viaje consistía simplemente en comprobar si había ingleses ahí, y los llevó directamente al otro lado del puente en Lussac.

Fue en el puente donde se encontraron. Pezuñas y pies resonaban en la superficie de piedra del alto puente mientras los dos ejércitos atravesaban el Viena para encontrarse en una violenta batalla. Se oían las espadas y los gritos resonaban en la noche de invierno. Sir John, como siempre, estaba al frente de su ejército, corriendo hacia el enemigo. Pero, mientras cargaba, su bota se enganchó en el borde de su larga capa. El puente de piedra estaba cubierto de escarcha, y antes de que una mano francesa pudiera alzarse contra él, Sir John resbaló y cayó pesadamente al suelo.

Al ver su oportunidad, un escudero francés llamado James de Saint-Martin se precipitó sobre el comandante caído. Apuñalando con su lanza, James golpeó a Sir John en la cara, abriendo la mejilla y perforando su cráneo con la punta de la lanza. La sangre estalló en piedra y escarcha, y el tío de Sir John, Eduardo Twyford, salió en su rescate. El propio escudero de Twyford se precipitó sobre James y rápidamente vengó a Sir John con dos golpes de su espada, cortando las piernas de James— heridas que eventualmente llevarían a la muerte a James unos días después.

A pesar de los valientes intentos de Twyford de salvar tanto a los ingleses como a Sir John, fue en vano. Los ingleses se dispersaron, huyendo hacia la fortaleza inglesa más cercana, Morthemer. Recorriendo el paisaje, los franceses obtuvieron su primer punto de apoyo necesario para retomar Poitiers, deshaciendo lo que se había logrado en esa decisiva victoria inglesa de 1356.

Sir John mismo seguía vivo, aunque vagamente. Lamentándose y apenas capaz de moverse o hablar, fue levantado suavemente sobre un escudo y llevado sobre los hombros de sus hombres a Morthemer. A pesar de sus mejores esfuerzos para salvarlo, las heridas de Sir John eran demasiado graves. Murió aproximadamente veinticuatro horas después, la última noche de 1369.

\* \* \* \*

El Príncipe Negro y el Rey de Inglaterra lloraron amargamente la muerte de Sir John. Había sido uno de los mejores comandantes de Inglaterra, un jugador clave en sus primeras victorias durante la Guerra de los Cien Años. Sus admiradores eran muchos e incluían a su archienemigo, Bertrand du Guesclin. El propio rey Carlos también lamentó la muerte de Sir John, creyendo que, si hubiera sido capturado en lugar de asesinado, podría haber ayudado a traer la paz entre Inglaterra y Francia finalmente. Los historiadores de ambos lados especulan que, si Sir John no hubiera sido asesinado tan prematuramente, podría haber terminado la Guerra de los Cien Años de una forma u otra.

Pero Sir John estaba muerto y nadie buscaba la paz. Los ingleses estaban desesperados por conservar las tierras que aún tenían; los franceses estaban igualmente desesperados por devolverle el golpe a la nación que les había hecho tanto daño. Pieza por pieza, el rey Carlos comenzó a recuperar las tierras que habían pertenecido a su difunto padre.

La tierra no era lo único que el rey Carlos estaba interesado en reclamar. Mientras que Juan de Montfort ahora gobernaba Bretaña y apoyaba a los ingleses, los franceses tenían un fuerte aliado en el rey Enrique de Castilla. Si bien las fuerzas terrestres de Castilla no se comparaban con el poder de la caballería francesa, su flota naval era una fuerza a tener en cuenta, y el Rey Carlos pronto se propuso recuperar algo que no había tenido desde la Batalla de Sluys: control sobre el Canal de la Mancha. Si hubiera podido evitar que los refuerzos ingleses llegaran a Francia en Calais, tal vez habría podido detener la guerra a su paso.

# Capítulo 8 – Victoria Francesa

Inglaterra tenía problemas.

Con Sir John Chandos muerto y el Príncipe Negro demasiado enfermo como para abandonar su castillo, los héroes de Poitiers se habían ido. El rey Eduardo III era un hombre mayor en este momento, muy lejos del terco adolescente que había comenzado la guerra por primera vez; era demasiado viejo para liderar cualquier forma de ataque. Inglaterra se encontró sin dinero para armar un ejército real y sin comandantes experimentados para liderarlo.

El único héroe de guerra que permaneció en el lado inglés fue Juan III de Grailly, Captal de Buch. Él también había luchado en las victorias inglesas en Poitiers y Nájera. Ahora, con Sir John Chandos muerto, Grailly se convirtió en Constable de Aquitania (Gascuña). Pronto se enteró de un nuevo comandante que apenas había ganado sus espuelas: Juan Hastings, de veinticinco años, segundo conde de Pembroke. Pembroke había servido con el Príncipe Negro antes de que este se enfermara demasiado como para pelear; a su regreso a Inglaterra, fue nombrado teniente de Aquitania.

Era el verano de 1372. Sir John Chandos había muerto hace dos años, el Príncipe Negro y el Rey Eduardo estaban en Inglaterra, y Grailly estaba empezando a sentir que estaba tratando de resistir sin ayuda la creciente fuerza de los franceses. Se alegró de escuchar la noticia de que el conde de Pembroke se dirigía a Francia, navegando hacia el alivio de Gascuña; al menos eso esperaba Grailly.

Pembroke zarpó de Plymouth con una pequeña flota de aproximadamente veinte barcos (aunque los registros de exactamente cuántos barcos tenía eran diferentes), la mayoría de ellos pequeños, protegidos por solo tres grandes buques de guerra. Su idea era formar un ejército de hombres en la propia Gascuña, por lo que solo llevaba una cantidad limitada de soldados, y un barco se dedicaba exclusivamente a llevar una cantidad exuberante de monedas de plata con las que tenía la intención de pagar a su nuevo ejército. Tenía instrucciones de reunir más de tres mil hombres con los que atacar a los franceses. Pero todos sus planes tuvieron que cambiar cuando escuchó que los franceses habían asediado a La Rochelle. La ciudad y la fortaleza estaban ubicadas en el Golfo de Vizcaya en Gascuña, el destino previsto de Pembroke, y su situación era alarmante cuando se aproximó. Bertrand du Guesclin había asediado la ciudad; sus fuerzas eran extensas, y fue ayudado por una gran flota de la legendaria armada castellana. Galeras rápidas de la armada inigualable de Castilla esperaban en la bahía, protegiendo a la ciudad de los refuerzos que llegarían por mar.

Grailly ya había intentado librar a La Rochelle mediante un ataque terrestre. Fue un fracaso terrible; accidentalmente se encontró con un mercenario galés al servicio de los franceses que capturó con éxito a Grailly y lo envió a París, donde sería encarcelado por el resto de su vida. La esperanza se estaba acabando para La Rochelle.

Aunque Pembroke sabía que su flota era lamentable en comparación con la fuerza más vasta y mejor armada de los castellanos, también sabía que tenía que hacer algo para tratar de salvar la ciudad. Cambió su rumbo hacia la ciudad sentenciada y navegó con esperanza y coraje para estimular a sus hombres hacia adelante.

El 21 de junio de 1372, los asediados ciudadanos de La Rochelle observaron por primera vez la elegante forma de un buque de guerra inglés en la brillante extensión azul de la bahía. Las proas de los barcos y transportes ingleses se erizaban con las curvas de los arcos, una visión valiente y brillante que brindó esperanza a La Rochelle. Lo que no sabían era que Pembroke tenía alrededor de cincuenta barcos en comparación con la flota de Castilla de poco más de veinte barcos, todos ellos destinados a la guerra en lugar del transporte. Estas eran galeras castellanas, buques muy superiores a las pesadas cocas inglesas que todavía estaban en uso. Las galeras eran rápidas y ágiles y podían maniobrar fácilmente incluso en aguas poco profundas, mientras que las cocas permanecían bajas en el agua y necesitaban más espacio para girar.

Aun así, Pembroke tenía que intentarlo. Valientemente navegó directamente hacia los castellanos, y las galeras se aceleraron a su encuentro, seguros de su victoria. Cuando los arqueros lanzaron sus flechas a las naves castellanas, fueron respondidos con un ruido ensordecedor, seguidos por el delgado sonido de una bala de cañón que volaba por el aire. Con un ruido sonoro, golpeó los barcos ingleses, destrozando hombres y barcos. Los castellanos tenían cañones, y sabían exactamente cómo usarlos.

A pesar de los números superiores y las armas de los castellanos, los ingleses se negaron a dar marcha atrás. Pusieron una resistencia extenuante, a pesar del hecho de que sus barcos se estaban hundiendo a su alrededor. Se produjo una feroz batalla durante varias horas mientras los ingleses hacían todo lo posible para mantener alejados a los castellanos. Cuando la marea comenzó a subir, las flotas se separaron, los ingleses huyeron hacia el mar abierto. Caía la noche, y los castellanos optaron por regresar a la bahía para anclarse durante la noche en lugar de perseguir a sus oponentes.

Mientras los ingleses estaban anclados alejados de la costa, algunos de los residentes de La Rochelle reunieron su resolución y decidieron acudir en ayuda de sus posibles rescatadores. Tres caballeros y cuatro barcazas zarparon al amanecer, saliendo de la bahía hacia el resto de la flota inglesa. Esperaban escabullirse de los castellanos y unirse a sus aliados; en cambio, solo parecían despertar al monstruo dormido de su enemigo. Saltando a la acción, las rápidas galeras castellanas aceleraron a través del agua. Todos los barcos ingleses intentaron enfrentarlos, pero la marea baja fue su ruina; algunos de los barcos habían encallado, y las galeras se movían a través de las aguas poco profundas, rodeando a los ingleses en minutos.

Los marineros lanzaron petróleo desde los barcos castellanos para que salpicara en la cubierta y aparejo del barco inglés. Antes de que los comandantes de la nave pudieran reaccionar, se escuchó el sonido de una cuerda de arco de una de las galeras, y una flecha se lanzó al aire; una tela empapada de aceite envolvió su cabeza y se encendió de modo que la llama brillante estalló y parpadeó mientras la flecha voló hacia el barco inglés. Con una bofetada, la flecha se alojó en la madera empapada de aceite. Hubo un estallido de llamas, y toda la nave se vio envuelta en un fuego abrasador. Un espeso humo negro salió del barco en llamas cuando sus hombres gritaron, con sus ropas encendidas, y se lanzaron al agua.

Inglaterra continuaba luchando, pero ya había sido derrotada. La pelea había sido prácticamente demasiado fácil para los brillantes castellanos. Uno por uno, los barcos fueron enfrentados— donde se arrojaron garfios a sus cubiertas para permitir que los castellanos los abordaran, y sus soldados fueron asesinados o llevados prisioneros. Pembroke fue uno de los prisioneros de Castilla.

En cuanto a la flota inglesa, se perdió total y completamente. Todas las naves fueron hundidas o capturadas, y llevadas triunfalmente a Castilla una vez más. Las doce mil libras esterlinas de monedas de plata que Pembroke había traído a Gascuña con la esperanza de pagar a sus soldados se perdieron y cayeron en manos de los castellanos.

La Rochelle misma resistió con valentía durante más de dos meses. Finalmente, el 7 de septiembre, la ciudad ya no pudo mantener el asedio. Se rindió a Du Guesclin y se convirtió en otra de sus victorias.

Con el Príncipe Negro y el Rey Eduardo atrapados en Inglaterra, Sir John Chandos muerto, Juan III de Grailly y el Conde de Pembroke capturados, todo parecía completamente perdido para Inglaterra. Pero existiría un intento más de recuperar a Gascuña. Y lo llevaría a cabo un rico príncipe inglés llamado Juan de Gante.

# Capítulo 9 – El Gran Chevauchée

*Ilustración IV: Juan de Gante.*

Con su confianza reforzada por la victoria en La Rochelle, las armadas combinadas de Francia y Castilla decidieron hacer un movimiento audaz. La Isla de Wight, entonces un territorio inglés, estaba justo al otro lado del Canal de la Mancha desde Francia, y era un objetivo tentador. En 1373, la flota combinada zarpó hacia la pequeña isla con un solo objetivo: invadirla y destruirla. La flota se abalanzó sobre la isla en una ola imparable, y con el ejército inglés prácticamente paralizado, se encontraba sin protección. Con poca resistencia, la Isla de Wight fue saqueada por completo, y gran parte fue quemada hasta los cimientos.

Los franceses y sus aliados regresaron triunfalmente a Francia, pensando que la guerra en Inglaterra prácticamente había terminado. Pero esto estaba lejos de ser verdad. El Príncipe Negro podría haber languidecido en Inglaterra, solo unos años después de su temprano lecho de muerte, pero uno de sus hermanos no había terminado con la guerra.

\* \* \* \*

Juan de Gante era el cuarto hijo del rey Eduardo III y su esposa, Felipa de Henao. Un hombre alto y fuerte, era similar a su hermano en muchos aspectos y siempre parecía encontrarse a la sombra del Príncipe Negro. Habían hecho campaña juntos en Francia y en Castilla, pero cuando él mismo estaba al mando de un reducido ejército, se había encontrado principalmente con estancamientos. Después del asedio de Limoges en 1370, el Príncipe Negro lo convirtió en teniente de Aquitania y luego regresó a Inglaterra, pero Juan se encontró tratando de lograr algo importante, excepto aferrarse a los territorios que todavía estaba en posesión de los ingleses. Completamente frustrado por sus fracasos y la aparentemente inminente derrota de Inglaterra, Juan renunció y regresó a Inglaterra.

Aun así, no había terminado de intentar de ganar la delantera sobre Francia, y tampoco había terminado de tratar de estar a la altura de su hermano mayor. Sabía que Inglaterra no sería capaz de vencer a Francia en una batalla campal en ese momento, pero había una táctica más que podía usar— una táctica que también había sido utilizada con éxito por el Príncipe Negro. Un chevauchée. Un brote reciente de la Peste Negra en 1369 había dejado un tanto agotados a los ejércitos franceses e ingleses, pero Juan aún logró reunir una fuerza de nueve mil hombres y treinta mil caballos. Fue suficiente para causar grandes daños a Francia, lo suficiente para destruir aldeas y realizar diversos saqueos. Quizás, con Francia económicamente herida y algo de botín extra para Inglaterra, sería suficiente para Juan darle gloria a su propio nombre y reiniciar la ofensiva de Inglaterra. Esperaba que incluso pudiera ser suficiente para cambiar las tornas en Francia.

Los problemas financieros y la peste habían sofocado los intentos de Juan de planificar el chevauchée durante tres años. Pero finalmente, en agosto de 1373, comenzó la gran marcha. Un mar de hombres y caballos partió de Calais, la fuerza de treinta mil pezuñas con bordes de hierro golpeando la tierra, haciendo temblar todo el paisaje. Fue un espectáculo magnífico y aterrador: un gran ejército de caballos blindados, montados por caballeros cuya armadura de acero brillaba bajo el sol del verano, sus filas ardían con pancartas y escudos blasonados, sus lanzas apuñalaban en el aire. Juan colocó su objetivo en Gascuña, que se extendió por toda Francia. Para alcanzarlo, sus hombres tendrían que cruzar cientos de millas de territorio enemigo, quemar todas las aldeas que encontraran a su paso y llevar su botín con ellos. Solo podían esperar que los franceses evitaran la batalla.

Viajar este tipo de distancia con una cantidad tan grande de criaturas vivientes— casi cuarenta mil, incluidos los caballos— no era una hazaña fácil durante ese tiempo. Si bien las provisiones para los hombres podían cargarse en alforjas, los caballos eran mucho más complicados de cuidar. El hombre promedio solo consume alrededor de cinco libras y media de comida todos los días; el caballo promedio, dieciséis libras o más. No había forma de llevar suficiente comida para los caballos, por lo que se vieron obligados a detenerse y dejar que los caballos pastaran— y la gran cantidad de espacio necesario para pastar treinta mil caballos cada día era alucinante. Sumado a esto, cada caballo necesitaría alrededor de diez galones de agua todos los días, lo que significa que solo los caballos consumían trescientos mil galones de agua.

Para alimentar a la extensa caballería, el ejército se vio obligado a forrajear, enviando pequeños grupos de jinetes para buscar un buen pastoreo y una fuente de agua. Y fue aquí donde Francia atacaría. El rey Carlos era muy consciente del chevauchée que estaba saqueando su país, y no planeaba permitir que continuara sin control. Si bien Francia aún no había derrotado a Inglaterra en una gran batalla terrestre, lo cual hizo que Carlos se mostrara renuente a enfrentar al ejército de frente, sabía que, si lo seguía de cerca y rodeaba sus bordes, eventualmente lo desgastaría. Su táctica funcionó. Los pequeños grupos de jinetes que habían salido a buscar comida, explorar o saquear se enfrentaron en rápidos, pero devastadores, ataques de los franceses. No hubo una batalla importante, pero los franceses nunca dejaron de lado a la fuerza inglesa, hostigándola continuamente, siempre dispuestos a agotarla.

Inicialmente, el chevauchée fue exitoso, encontrándose con poca resistencia a medida que avanzaba por las provincias del norte de Francia. Pero las cosas empeoraron cuando se acercaron a Borgoña. El ejército francés que los había seguido de cerca comenzó a presionarlos con más fuerza, obligando a los ingleses a enfrentarse al río Allier. Escaparon de una batalla campal pero justa; fueron forzados a cruzar el puente en Moulins con tanta prisa que se perdió todo su equipaje y botín.

Era noviembre en aquel momento, y el verano que había convertido al ejército en una vista tan espléndida cuando partieron de Calais había terminado. En cambio, el invierno se estaba asentando en la meseta de Lemosín, y prometía ser duro. Frost comenzó a devastar el paisaje, haciendo que las noches fueran insoportablemente frías para hombres cuyos cuerpos y espíritus ya estaban sufriendo después de meses de viajes y peleas. Peor aún, la escarcha estaba matando el pastoreo abundante del que los caballos del ejército dependían tan fuertemente. Uno por uno, los hombres y los caballos comenzaron a congelarse y morir de hambre. Cuando los caballos morían por miles, los hombres se encontraban sin monturas, forzados a marchar a pie junto al resto del ejército. Esto era casi imposible de hacer con una armadura completa y armamento, teniendo en cuenta que la armadura de un caballero pesaba hasta cincuenta y cinco libras. La atención del ejército ahora había pasado del saqueo a simplemente sobrevivir a la caminata hacia Gascuña. Los caballeros desmontados no pensaban en la batalla— simplemente querían salir del territorio enemigo lo más rápido posible. Abandonaron su armadura donde yacía y marcharon hacia adelante, dejando grandes cantidades de acero por todas partes por donde pasaba el ejército.

Francia aún evitaba una batalla, pero a medida que el ejército comenzaba a rezagarse, enviaron pequeños grupos a medida que avanzaban. A los hombres de Juan no les quedaba nada con lo que luchar contra los franceses. Abandonaron toda esperanza de saquear Francia y tomaron la ruta más cuidadosa posible a Gascuña, evitando cualquier ciudad fortificada, con el objetivo de sacar a sus hombres de la planicie con vida.

A principios de diciembre, cuatro meses después de salir de Calais, finalmente llegaron a Gascuña. El ejército era una sombra de la majestuosa fuerza que había comenzado el chevauchée. No tenían botín; apenas les quedaba armadura o armas en la espalda, tropezando con un Burdeos destruido. De los treinta mil caballos que habían salido de Calais, solo quince mil entraron en Burdeos, y eran criaturas enfermizas y desnutridas por toda la lucha que habían enfrentado. Los hombres también tenían las mejillas hundidas y los ojos huecos. Juan de Gante recibió su nombre por el lugar donde había nacido— Gante— pero su aspecto también era demacrado, ya que llegó a Burdeos sobre un caballo cuyas costillas sobresalían como aros debajo de un abrigo delgado y desaliñado. El gran chevauchée había sido una hazaña valiente, pero también había sido un completo fracaso. Saqueó los recursos de Inglaterra más que los de Francia, y aunque algunos de los contemporáneos de Juan lo admirarían por la valentía de una marcha de cuatro meses en condiciones tan desafiantes, la gente en Inglaterra lo resentía por su fracaso.

Los campesinos ingleses habían estado pagando durante mucho tiempo el precio por la esperanza de su rey de reclamar Francia para sí mismo. El resentimiento se estaba gestando, y el fracaso de Juan fue otra gota en la espalda de un camello que no estaba a punto de tranquilizarse, sino a punto de volverse salvaje. Los problemas se estaban gestando en el territorio natal de Juan. Y esto le costaría caro.

# Capítulo 10 – Dos Jóvenes Reyes

El final del gran chevauchée de Juan de Gante marcó el final de las principales hostilidades en Francia durante los próximos años. Sin embargo, la flota franco-castellana que había saqueado con tanto éxito la Isla de Wight no logró exigir su venganza por todo el daño que Inglaterra había hecho tanto a la Corona francesa como a Enrique de Castilla.

En 1377, los franceses y los castellanos lanzaron una serie de incursiones importantes que paralizarían algunas de las ciudades portuarias más importantes de Inglaterra. Navegando con sus rápidas galeras por el Canal de la Mancha, comenzaron a aterrorizar ciudad tras ciudad inglesa, saqueando y quemando algunos de los puertos más importantes del país: Hastings, Plymouth, Portsmouth, Rye.

Estas ciudades portuarias se encontraron en gran medida indefensas contra los invasores de Francia– muchos de los cuales navegaron desde La Rochelle– porque Inglaterra estaba a punto de caer en un período de crisis. Eduardo el Príncipe Negro, el héroe de la guerra, estaba en su lecho de muerte.

A la edad de cuarenta y cinco años, el Príncipe Negro ya no era un hombre joven. Había estado enfermo– muy enfermo– desde la campaña en Castilla a finales de la década de 1360. Si bien algunos historiadores han especulado que el Príncipe Negro podría haber enfermado debido al envenenamiento de Pedro el Cruel, que quería evitar pagar las deudas en las que había incurrido cuando suplicó la ayuda de Inglaterra en la Guerra Civil de Castilla, es más probable que hubiera contraído alguna enfermedad para la cual no tenía inmunidad. Cualquiera que fuera la causa de su enfermedad, se demoró durante muchos años. El Príncipe Negro había estado inválido desde su regreso a Aquitania. Finalmente dejó de pelear la guerra después del Asedio de Limoges en 1370, regresando a Inglaterra en 1371. En el verano de 1376, había estado enfermo durante casi diez años.

Al príncipe le pareció una vergonzosa desgracia morir tan lento, dolorosa e ignominiosamente después de sus diversas hazañas en la guerra. Había estado viviendo con la espada desde que era un niño; le parecía inaceptable el hecho de que se le negara el honor de morir por ello. Incluso el discapacitado Rey de Bohemia, Juan el Ciego, había sido capaz de asestar un último golpe en su edad y enfermedad. Pero no el Príncipe Negro, el héroe de Inglaterra. Murió lentamente y en agonía, y su vida se apagó finalmente el 8 de junio de 1376. Había sido el heredero del trono durante décadas, pero nunca se sentaría sobre él.

El mismo rey Eduardo III— el hombre que había comenzado la guerra en primera instancia— tampoco estaba lejos de su propia tumba. Al igual que su hijo, había sido un guerrero toda su vida, luchando tanto en la Guerra de los Cien Años como contra Escocia; como su hijo, tampoco moriría en la batalla. En su edad y enfermedad, el rey se había convertido en poco más que un esclavo de su amante, Alice Perrers, que corrompía el poder y a todo el gobierno. Desde 1374, no había tenido un papel importante en el gobierno de su país, con Juan de Gante actuando como un regente no oficial para el anciano rey.

El Príncipe Negro solo llevaba muerto un año cuando su padre lo sucedió. Después de haber estado enfermo durante varios meses, el rey Eduardo acababa de comenzar a recuperarse de un absceso cuando murió repentinamente de un derrame cerebral el 21 de junio de 1377. Había sido rey de Inglaterra durante cincuenta años.

Quizás Juan de Gante esperaba que se convertiría en rey de Inglaterra. Después de todo, había estado gobernando el país durante varios años, y era el único verdadero comandante militar que le quedaba a Inglaterra. Pero no sería así. El nuevo rey, Ricardo II, fue coronado el 16 de julio de 1377. Era el hijo mayor sobreviviente del Príncipe Negro, y solo tenía diez años.

Ricardo había nacido en Burdeos, Aquitania, en 1367 durante la lucha castellana de su padre. Debido a que era solo un niño en el momento de su coronación, Ricardo normalmente habría sido nombrado regente—un grupo de asesores que efectivamente reinaría en su lugar, normalmente compuesto por sus tíos. Sin embargo, las decisiones políticas corruptas de Juan de Gante lo habían vuelto impopular tanto con los plebeyos como con la nobleza. Juan era uno de los hombres más ricos del país; poseía tierras en toda Inglaterra y no temía mostrar cuán lucrativo había hecho su patrimonio, viviendo en el regazo de lujo— un hecho que irritaba a la gente común que a menudo vivía en la enfermedad y la miseria. Esto, junto con el restablecimiento de la odiada Alice Perrers y su actitud autocrática, causó resentimiento entre la nobleza. Finalmente, se decidió permitir que Ricardo reinase, aunque con la ayuda de algunos consejos que no incluían a Juan de Gante.

A pesar de estas medidas, fue inmediatamente evidente que Ricardo estaba cómodo bajo la influencia de su tío. Juan se había acostumbrado al poder cuando estuvo a cargo durante la vejez del rey Eduardo, y no estaba dispuesto a dejar ir ese privilegio.

Mientras esto sucedía en Inglaterra, Francia tampoco estaba experimentando un momento de estabilidad. El rey Carlos V de Francia estaba enfermo. Si bien había logrado recuperar casi todas las tierras que Francia había perdido en el Tratado de Brétigny, no tenía intenciones de tratar de recuperar Calais o Gascuña. En cambio, él buscaba la paz. Sin embargo, las negociaciones con los ingleses habían sido infructuosas, y ambos países habían logrado solo unas pocas treguas incómodas cuando el rey Carlos desarrolló un absceso en su brazo. Tenía solo cuarenta y dos años, pero era evidente para el rey que, si el absceso se secaba en lugar de estallar, moriría. Con solo la medicina más primitiva disponible en la era medieval, había poco que sus médicos pudieran hacer por él. El absceso se secó y el rey Carlos murió el 16 de septiembre de 1380.

A pesar de que el rey Carlos V solo tenía doce años cuando se casó con Juana de Borbón y tuvo su primer hijo a la edad de diecinueve años, no tenía un heredero adulto. Sus primeros dos hijos solo habían sobrevivido unos pocos años; fue solo en 1368 que tuvo un hijo que sobrevivió hasta la edad adulta. Este niño tenía solo once años cuando su padre murió, pero rápidamente fue coronado rey Carlos VI de Francia.

Con dos jóvenes reyes sobre los tronos de las naciones en guerra, se esperaba que la paz se interpusiera entre ellos. Pero esta guerra duraría por generaciones. Primero, sin embargo, Ricardo II enfrentaría su primer gran desafío en su territorio: la rebelión de los campesinos.

\* \* \* \*

Ricardo tenía catorce años y la mayoría de sus decisiones no las tomaba por sí solo, sino con ayuda de Juan de Gante. Juan había sido impopular con los campesinos incluso antes del fracaso de su incursión en Francia; continuó tomando decisiones corruptas que lo hicieron aún más impopular, y los campesinos comenzaron a esparcir rumores que cuestionaban su relación con el difunto Rey Eduardo III. Esto lo enfureció. Juan tenía poco respeto por la gente pobre que trabajaba en los campos de su país; como siervos, eran poco más que esclavos, trabajadores forzados que no tenían voz en su trabajo. Juan los consideró prácticamente como ganado, y los trató como tal.

A pesar de que los siervos se dedicaban a trabajos forzados, todavía se les permitía tener posesiones y, como tales, también se esperaba que pagaran impuestos. El impuesto más detestado de todos se conocía como el impuesto electoral. A diferencia del impuesto del hogar, que se recaudaba por cada hogar —y, por lo tanto, supuestamente por familia—, el impuesto electoral se aplicaba por adulto y, por lo general, era casi inasequible para los campesinos sin dinero de esa época. Peor aún, se pidió a los campesinos y a la nobleza que pagaran exactamente el mismo impuesto independientemente de sus ingresos. Por lo tanto, lo que era fácil para la nobleza era abrumadoramente costoso para las clases bajas.

El impuesto de votación generalmente solo se usaba en tiempos de necesidad, lo que solo empeoraba las cosas para los campesinos. Juan de Gante, después de hacerse cargo del gobierno alrededor de 1375, inmediatamente lo consideró como una solución a sus problemas financieros. Impuso su primer impuesto electoral en 1377, y nuevamente en 1379. Justo cuando los siervos comenzaban a recuperarse de este doble golpe, Juan lo hizo una vez más, instituyendo un impuesto electoral en 1381.

Los campesinos ya habían tenido suficiente. Sabían que tenían que hacer algo al respecto o enfrentarse a matar de hambre a sus propias familias para pagar el impuesto, que generalmente se aplicaba mediante encarcelamiento u otras sanciones severas. Las opiniones de un campesino, que generalmente era analfabeto y carecía de educación, no se consideraron válidas. Sabían que las palabras no lograrían nada. En cambio, tuvieron que rebelarse contra la odiada administración y el cruel puño de Juan de Gante.

En mayo de 1381, la rebelión comenzó en Brentwood, Essex. Un funcionario real estaba tratando de recaudar algunos de los impuestos no pagados en la ciudad cuando los campesinos se levantaron contra él. Portando herramientas agrícolas y un puñado de armas, artesanos, siervos y funcionarios de la aldea salieron a las calles, atacaron a los recaudadores de impuestos, prendieron fuego a los registros de la aldea y abrieron las puertas de las prisiones (cárceles) para liberar a quienes no habían pagado la inalcanzable suma de los impuestos.

La rebelión se extendió rápidamente por todo Essex, continuando hasta Kent y posteriormente hacia Londres. Llegaron a la capital de Inglaterra el 13 de junio, donde apuntaron a un objetivo relacionado con el hombre que detestaban más que a ninguno: Juan de Gante. Su Palacio de Saboya era una hermosa y llamativa residencia que contenía suficiente oro y plata para pagar el impuesto de votación de cientos— si no miles— de campesinos. Arrasaron con el lugar. Al negarse a robar un solo artículo, los campesinos lo destruyeron todo. Destruyeron las joyas, prendieron fuego a los lujosos muebles sobre los que descansaba Juan mientras ellos dormían sobre paja y tierra fría, y arrojaron lo que no podían destruir a las turbias aguas del Támesis. Juan no se encontraba en el palacio en ese momento; es probable que ellos también hubieran hecho todo lo posible por destruirlo, ya que él estaba en el primer lugar de la lista de personas que los campesinos exigieron a Ricardo que les entregara para su ejecución.

Después de una noche de caos, con construcción tras construcción quemada hasta los cimientos, Ricardo sabía que tenía que hacer algo al respecto. Tendría que negociar con los campesinos.

No podría haber sido una tarea fácil para un rey de catorce años. Nunca pudo la corona haber pesado más sobre su joven cabeza que ese día, mientras caminaba con cautela a un distrito del este de Londres conocido como Mile End. Solo tenía algunos hombres con él para protegerlo contra las masas furiosas de los campesinos, pero no parecían ser suficientes. Sin embargo, Ricardo asistió y escuchó las quejas y demandas de los campesinos. Al principio, accedió aceptar muchas de sus solicitudes. Al regresar a una de sus casas reales— la Torre de Londres, tomada por los rebeldes en este momento—Ricardo comenzó a preparar estatutos que abolirían la idea misma de la servidumbre.

Sin embargo, solo dos días después, llegaron noticias al rey de que el líder de los campesinos estaba muerto. Wat Tyler había sido el instigador y líder de gran parte de la rebelión, y una vez que murió, los campesinos se encontraron desunidos e inseguros. Ricardo envió ejércitos para reprimir lo que quedaba de la rebelión. A finales de junio, el orden se restablecía, y los siervos volvían al trabajo forzado. Todo lo que realmente habían logrado era evitar pagar el impuesto a la votación.

Ricardo había logrado aferrarse al poder a pesar de su juventud. Pero había desafíos más allá de un grupo de campesinos que protagonizaban una rebelión fallida. Ricardo tenía enemigos en muchos lugares, y uno de ellos era el rey Carlos VI de Francia, de doce años. Y otro enemigo se encontraba más cerca de casa. Mucho más cerca.

# Capítulo 11 – Locura y Destitución

Las hostilidades entre Francia e Inglaterra habían casi cesado en este punto. Solo había una breve incursión en Francia nuevamente desde el fallido chevauchée de Juan de Gante: una expedición breve y fallida dirigida por el tío de Ricardo, Tomás de Woodstock, que tuvo lugar en 1380.

Los dos jóvenes reyes de Francia e Inglaterra estaban demasiado ocupados tratando de administrar sus propios países para librarse de la guerra. Francia estaba experimentando rebeliones internas en 1382, su joven rey luchaba por mantener el control sobre los campesinos inquietos que estaban cansados de décadas de impuestos para financiar una guerra que no les había traído más que dolor. Esto fue a pesar del hecho de que el rey Carlos V había hecho todo lo posible por reponer los cofres que se habían visto tan saqueados por la guerra: esos mismos cofres habían sido vaciados brutalmente por el grupo corrupto de tíos del rey Carlos VI que había estado a cargo de la regencia hasta que el joven rey pudo tomar su trono. Carlos VI sintió que no tenía más remedio que gravar fuertemente a los campesinos, por lo que se rebelaron contra él, y se negaron a pagar los impuestos y se levantaron en dos rebeliones menores.

Para empeorar las cosas, Beltrán Duguesclín había muerto en el mismo año que el rey Carlos V. Francia se encontró sin dirección, excepto por una regencia corrupta y un joven rey, y en pocos años, todo el trabajo que Carlos V había hecho para construir una victoria para Francia se había deshecho. El país no estaba en condiciones de luchar en guerras.

A medida que avanzaba la década de 1380 y Ricardo se convirtió en un hombre joven, se hizo evidente que tenía poca ambición por la corona francesa. Llevó a cabo solo dos intentos poco entusiastas para reactivar la guerra estancada; una breve cruzada del obispo de Norwich, seguida de la expedición personal de Ricardo a Escocia— aún uno de los principales aliados de Francia— fracasó en rápida sucesión, la primera en 1383 y la otra en 1385. Después de esto, Ricardo pareció perder todo interés en la guerra.

Lo anterior enfureció a muchos de los asesores de Ricardo. Se enfrentó a su primera crisis real en 1386 cuando un grupo de señores comenzó a luchar contra él. Esto incluía a Juan de Gante— que estaba decepcionado por los fracasos militares de Ricardo, que tan abismalmente se volvieron eco de los suyos— y su hijo, Enrique de Bolingbroke, entonces Conde de Derby. Si bien Ricardo logró obtener algo parecido a la paz en un par de años, el daño ya estaba hecho— su nobleza le faltó el respeto y sus plebeyos desconfiaron de él por no cumplir con sus promesas de abolir la servidumbre. El rey estaba en peligro.

Algo que el grupo de lores, conocido como el Apelante de los Lores, logró hacer durante su levantamiento contra Ricardo y sus allegados fue un intento de reactivar la guerra en Francia. Sin embargo, con las arcas reales completamente vaciadas por un rey corrupto (el favoritismo de Ricardo lo llevó a estropear a algunos cortesanos selectos en lugar de invertir realmente en su país), el intento nunca funcionó. Para 1389, la guerra había llegado a un punto muerto, con ambos países efectivamente derrotados por su propia gente. El 18 de julio de 1389, ambos reyes firmaron la tregua de Leulinghem. La tregua permitió a Ricardo recuperar todas las tierras en Gascuña que se habían perdido recientemente en la guerra, así como mantener la fortaleza en Calais; sin embargo, todavía tenía que rendir homenaje al rey Carlos VI, y ahora no había duda de que su reclamo al trono francés estaba completamente anulado.

La paz descendió sobre las naciones, poniendo fin a la fase Carolina de la guerra. Incluso las guerras de poder comenzaron a extinguirse en toda Europa. Aun así, ninguno de los dos países experimentó una paz real. Con Ricardo luchando perpetuamente con su corte, la población de Inglaterra se encontró en un período de inestabilidad. Francia, por otro lado, había sido recientemente tomada de manera oficial por su joven rey Carlos VI. Era un joven bien educado que arrojó a sus tíos corruptos fuera de la corte y los reemplazó con sus propios asesores, y tal vez la gente de Francia consideraba que las cosas serían a su favor.

Y así lo fueron, hasta que la historia —y sus vidas— daran un giro que nadie podría haber esperado. El rey Carlos el Amado estaba a punto de ganar un nuevo título: el Demente.

\* \* \* \*

En 1392, un aristócrata de temperamento irascible llamado Pierre de Craon, en un ataque de ira, intentó asesinar a uno de los amigos y asesores de confianza del rey Carlos, un hombre llamado Olivier de Clisson. No logró matar a Clisson, y se percató de inmediato de que había cometido un terrible error. Huyendo hacia Bretaña, Craon esperaba escapar de la ira del rey.

Enfurecido por este descarado atentado contra la vida de Clisson, el rey Carlos convocó de inmediato a un ejército. El 1 de julio de 1392, partió por los campos veraniegos de la soleada Francia, en busca de la sangre de Craon. Sus caballeros sintieron que algo andaba mal incluso antes de comenzar su marcha. Carlos estaba febril, casi frenético; su discurso era confuso, su celo por encontrar y matar a Craon era tan severo que era casi delirante. Sin embargo, los caballeros sabían que no debían criticar a su rey. Lo siguieron dócilmente por el país, manteniendo la cabeza baja mientras él les gritaba que se movieran más y más rápido, porque el traidor se estaba escapando.

La marcha fue larga, el ejército arrastró sus pies cada vez más a medida que los hombres comenzaron a preguntarse por qué su rey se estaba comportando de manera tan extraña. El sol de agosto golpeaba las filas de hombres y caballos cuando un extraño grito atravesó el bosque. Los caballeros prestaron atención, y posteriormente se relajaron cuando un vagabundo descalzo y desaliñado corrió por el bosque. Estaban tan sorprendidos por su apariencia que no pudieron evitar que corriera directamente hacia el rey. Tomando la brida de la montura de Carlos, gritó: "¡No cabalgue más, noble Rey!"

Carlos simplemente se sentó y escuchó, con los ojos muy abiertos ardiendo en su rostro rojizo como la fiebre, cuando el hombre lo instó a volverse y le advirtió de traición. Todavía estaba a medio grito cuando los caballeros volvieron en sí y lo expulsaron, pero el hombre continuó siguiendo al ejército a una distancia segura, gritando su escalofriante advertencia.

Los caballeros lo descartaron como demente. Pero Carlos no podía olvidar las palabras del hombre. Había nacido en un continente en llamas con la guerra, crecido en una corte repleta de codicia y ambición personal que no rehuiría el asesinato de un oponente. La paranoia comenzó a filtrarse en su psique magullada. Estaba tan tenso como una cuerda de arco estirada, y la cosa más insignificante podía liberar su flecha.

El momento llegó en algún lugar cerca del mediodía. El rey estaba acompañado por algunos pajes—niños de entre siete y catorce años, generalmente entrenados para convertirse en caballeros— a quienes se les encomendó llevar su armadura y armamento adicional. Habían estado marchando durante semanas, sentados en ponis que avanzaban sin ritmo, mientras el sol se postraba cálido y gentil sobre sus hombros. A punto de dormir, uno de los pajes dejó caer la lanza del rey. Se cayó de sus manos y se estrelló contra un casco, llevado por otro paje, con un sonido ensordecedor.

El sonido provocó al rey Carlos. Girando sobre la silla de montar, sacó su espada, la longitud de su reluciente hoja brillaba con filo de navaja al sol. "¡Adelante contra los traidores!", gritó, y, antes de que alguien pudiera detenerlo, cayó sobre sus propios caballeros. El hombre al que habían jurado servir y proteger repentinamente comenzó a asesinarlos, su espada destruyó su propio ejército.

Se necesitaron varios hombres para desarmar a Carlos y luchar contra él hasta el suelo, inmovilizándolo y obligándolo a rendirse, aunque nadie se atrevió a hacerle daño. Carlos luchó al principio, pero repentinamente se quedó sin fuerzas en las manos de sus hombres. Había caído en coma.

La caza de Craon fue abandonada; el rey Carlos fue atado y regresó a París, pero cuando despertó de su sueño, parecía volver a ser el de siempre. Sin embargo, no seguiría siendo así. El rey Carlos se había vuelto oficialmente demente. Cuando estaba lúcido, parecía ser un buen líder, sabio e inteligente, pero estos momentos no prevalecían. En su locura, era una pesadilla. Corriendo desnudo por los terrenos del castillo, negándose a comer o bañarse, sin reconocer a su propia esposa, e incluso pasando varios meses creyendo que estaba hecho completamente de vidrio y se rompería si lo tocaban — una ilusión que luego se identificó como extrañamente común a finales de la Edad Media—todo lo anterior eran síntomas de la enfermedad mental de Carlos. Actualmente, los historiadores han especulado que estos períodos de psicosis podrían haber sido causados por esquizofrenia o trastorno bipolar. En su tiempo, simplemente era conocido como demente.

El reinado de Carlos fue inmediatamente asumido por una regencia, una vez más compuesta por sus tíos corruptos. Su hermano, Luis I, duque de Orleans, que había ayudado a Carlos a ganar el control en primera instancia, intentó expulsar a sus tíos. El gobierno de Francia se disolvió en un caos absoluto.

Inglaterra estaba en condiciones similares. En 1399, el rey Ricardo II fue derrocado. El hombre responsable de la destitución no era otro que Enrique de Bolingbroke, el hijo de Juan de Gante. Enrique había pasado demasiado tiempo observando a su padre pasar su vida tocando el segundo violín; él no planeaba hacer lo mismo. Había estado exiliado en París durante el tiempo en que Luis estaba a cargo de la regencia. Este último estaba interesado en retomar la guerra, y sabiendo que Ricardo estaba interesado en la paz, permitió que Enrique regresara a Inglaterra con la esperanza de que la guerra volviera a estallar.

Enrique destituyó sin ceremonias de su puesto a Ricardo el 1 de octubre de 1399, respaldado por muchos de los políticos de Londres que se habían cansado del favoritismo de Ricardo. Fue coronado rey Enrique IV, mientras que, a Ricardo, encarcelado, se le permitió morir de hambre lentamente, como muchos de los campesinos que habían sufrido por el severo impuesto de votación.

# Parte Tres: La Guerra de Lancaster (1415-1453)

# Capítulo 12 – Asedio a Harfleur

A pesar de las esperanzas de Luis de Orleans, actual regente de Francia, el nuevo rey de Inglaterra no retomó la guerra en Francia. Las manos de Enrique IV estaban demasiado ocupadas lidiando con problemas domésticos, el primero fue un levantamiento galés en 1400, solo unos meses después de ser coronado.

Si bien la amenaza de una invasión francesa estuvo presente, nunca sucedió, potencialmente debido a las complicaciones de lidiar con el Rey Carlos el Demente. Sus ataques de locura se hicieron cada vez más frecuentes a medida que envejecía hasta el punto en que sus hombres tenían que bloquear algunos de los pasillos de su castillo para que no pudiera deambular demasiado y lastimarse. Ocasionalmente, él se volvió violento y peligroso, tanto que a veces tuvo que ser restringido para evitar que asesinara una vez más a uno de sus propios caballeros. Entonces, la frágil paz se mantuvo, aunque piratas y corsarios merodearon el Canal de la Mancha desde ambos lados.

Es posible que Enrique IV hubiera atacado a Francia nuevamente una vez que los levantamientos hayan sido abatidos, pero nunca tuvo la oportunidad. Todavía estaba tratando de detener la rebelión de Percy en Northumberland cuando sufrió un misterioso ataque que implicó una pérdida de conciencia, posiblemente incluso una convulsión, durante 1405. No fue el último ataque de este tipo, aunque su causa exacta sigue siendo desconocida para los historiadores; puede haber sido epilepsia o haber tenido orígenes cardiovasculares. Sufrió episodios similares aproximadamente una o dos veces al año por el resto de su vida, además de tener una severa enfermedad de la piel que lo obligó a retirarse al castillo y rara vez volvió a mostrar su rostro a la gente.

El 20 de marzo de 1413, menos de dos décadas después de haber destituido a Ricardo II, el rey Enrique IV sufrió un ataque final en la Abadía de Westminster. Murió en la Cámara de Jerusalén después de colapsar durante sus oraciones en el santuario de San Eduardo. Fue enterrado frente a la tumba del Príncipe Negro.

Enrique IV fue sucedido por su hijo, el rey Enrique V, quien desde entonces ha sido inmortalizado en las obras de Shakespeare. Y no estaba enfermo, ni molesto, ni era un niño, y eso significaba que estaba listo para la guerra.

Enrique V había estado adecuadamente preparado para la guerra. Había luchado al lado de su padre en las diversas rebeliones, y a medida que su padre se ponía cada vez más enfermo, el joven Enrique asumió cada vez más responsabilidad por el gobierno. Cuando el viejo rey había muerto, Enrique V estaba más que listo que nunca para tomar el trono.

Un hombre enormemente alto para su época de 1.82 metros de estatura, Enrique era fuerte y saludable, y emitía un aire irresistible de vitalidad. Tenía hambre de probarse a sí mismo como un poderoso rey guerrero como lo había sido Eduardo. Si bien la paz había prevalecido dos décadas, las naciones opositoras no se reconciliaron de ninguna manera; Francia había prestado mucha ayuda y apoyo al archienemigo de Enrique IV, el rebelde galés Owain Glyndwr. Las manos de Enrique ansiaban poder, y él era el primer rey desde Eduardo que tenía la ambición por el trono francés.

Francia estaba profundamente dividida mientras varios príncipes luchaban por el control de la regencia, y Enrique estaba listo para atacar estas debilidades. Comenzó exigiendo a Francia, pidiendo que la totalidad de Aquitania fuera devuelta a su posesión según los términos del Tratado de Brétigny. También exigió el pago de más de un millón de coronas, una deuda pendiente del rescate del Rey Juan el Bueno, el abuelo de Carlos el Demente. Cuando exigió casarse con Catalina de Valois— la hija del rey Carlos— los franceses trazaron su línea. Sus demandas fueron rechazadas, y Enrique se preparó para la guerra.

\* \* \* \*

El ejército de Enrique desembarcó en las orillas del norte del río Sena el 14 de agosto de 1415. Llevaba con él alrededor de ocho mil hombres— una perspectiva desalentadora para el cuartel de la cercana ciudad portuaria de Harfleur. Ahora una pequeña ciudad, Harfleur era entonces uno de los puertos más importantes de toda Normandía, por lo que estaba protegido con fuertes muros y fortificaciones. Sin embargo, su cuartel contaba con menos de 250 hombres.

Debe haber sido una visión devastadora para la desventurada gente de Harfleur cuando el horizonte se oscureció con el acercamiento del ejército de Enrique. Era un consuelo que venían los refuerzos: trescientos hombres llegaron bajo el mando de Raúl de Gaucourt, doblando el cuartel, pero aún era un número lamentable en comparación con el poder del ejército inglés. Antes de que se pudieran solicitar más refuerzos, el hermano de Enrique, Tomás, dirigió parte del ejército al este de Harfleur, rodeó la ciudad por el lado de la tierra y la clausuró efectivamente contra toda ayuda.

Entonces podría comenzar el asedio. La guerra de asedio fue común durante la Edad Media, una época en que las fortificaciones eran una parte importante de las defensas; muchos pueblos no podían ser penetrados, pero podían ser rodeados y sus habitantes podían morir de hambre.

Durante la guerra de asedio, el ejército atacante generalmente rodeaba a su objetivo, cavando trincheras y construyendo sus propias defensas para crear un espacio seguro para que los soldados se alojaran durante varias semanas, a veces incluso meses. Los atacantes mantendrían la presión sobre la ciudad sitiada al intentar destruir sus muros. Esto rara vez logró penetrar los muros, pero desgastó los recursos de la ciudad, ya que los hombres fueron asesinados en los ataques y se gastó mucha mano de obra y material en un intento de reparar el daño a las defensas. Los atacantes usarían armas masivas conocidas como motores de asedio en un intento de derribar los muros. Un ejemplo de estos motores incluiría el poderoso trebuchet, un objeto enormemente alto que se elevaba sobre sus operadores y utilizaba un sistema de contrapesos para lanzar grandes proyectiles— generalmente rocas— sobre o directamente en las murallas de la ciudad. Los arietes también fueron comunes. Estos objetos grandes y pesados, típicamente hechos de un solo tronco gigantesco, fueron utilizados por grupos de hombres para golpear puertas en un intento de derribarlas.

Los castillos de los defensores generalmente estaban fortificados no solo con paredes sino también con almenas (pasillos defendibles en la parte superior de las paredes desde las cuales los soldados podían lanzar misiles por su cuenta o incluso verter aceite hirviendo sobre los atacantes), rendijas de flechas (pequeños agujeros en las paredes desde donde los arqueros podrían disparar al enemigo), y fosas. Estas defensas a menudo fueron lo suficientemente adecuadas como para resistir un ataque durante meses, lo que condujo a asedios prolongados que frecuentemente terminaron simplemente porque la ciudad se había quedado sin comida y no tenía más remedio que rendirse.

Enrique, sin embargo, no estaba interesado en el arcaico trebuchet. En cambio, tenía consigo una nueva arma que acababa de comenzar a probar su uso en la guerra: el cañón.

Los habitantes de Harfleur sabían que sus defensas eran firmes y se sintieron reforzados por el respaldo que habían recibido de Raúl de Gaucourt. Estaban listos para enfrentar a los dos mil arqueros y seis mil hombres armados que Enrique había traído consigo, observando cómo se excavaban las trincheras y se construían rejillas de madera para proteger a los operadores de su artillería pesada. Y entonces surgió el primer cañón. Un fuerte chasquido llenó el aire, seguido por el olor a pólvora y el ligero sonido de una bala de cañón. Golpeó las paredes con un crujido devastador, haciendo un orificio en la piedra y logrando que las paredes se debilitaran. Pero los franceses no estaban intimidados. Tenían sus propias armas, arrastraron el pesado cañón hasta las almenas y respondieron con algunos disparos.

Superados en número— más de trece a uno— los franceses estaban decididos a no darse por vencidos. Reparando su dañada ciudad todas las noches, continuaron disparando contra los ingleses durante el día. Incluso cuando Enrique se desesperaba a medida que pasaban las semanas y enviaba a los mineros a hacer túneles debajo de las paredes con la esperanza de destruir la ciudad desde abajo, los franceses enviaban a sus propios mineros a cavar túneles directamente a los ingleses y los mataban. Mientras tanto, los soldados que rodeaban la ciudad comenzaban a sentir los efectos de algo más que la batalla; con ocho mil personas acampando en la miseria, tan cerca una de la otra, era inevitable que la enfermedad se propagara rápidamente a través de ellas. La disentería probablemente mató a más ingleses durante el asedio que a los franceses.

Y los franceses lucharon valientemente. Agosto pasó a septiembre, y el clima estaba empezando a enfriarse cuando finalmente los ingleses lograron capturar los baluartes fuera de la puerta principal de la ciudad. Desalentados, los franceses se percataron de que tendrían que negociar o, potencialmente, la ciudad entera podría ser ejecutada. Las personas de las ciudades que se rendían a menudo se salvaban; aquellos que no se rendían generalmente eran masacrados. Sabiendo esto, el 18 de septiembre, los comandantes de la ciudad acordaron rendirse en los próximos cuatro días a menos que fueran relevados por un ejército francés. Los comandantes habían enviado un mensaje al actual Delfín, Luis, pidiendo apoyo. Pero el mensaje nunca llegó; Luis simplemente no tenía suficientes hombres con él para derrotar el poder de los ingleses. El 22 de septiembre, Harfleur se rindió, sus comandantes entregaron ceremoniosamente las llaves de la ciudad al rey Enrique.

A los habitantes de la ciudad que aceptaron jurar lealtad al rey Enrique se les permitió quedarse. Pero en cuanto al resto, independientemente de su edad, fueron enviados al campo sin ningún lugar a donde ir. Encontraron refugio en Rouen mientras Enrique instalaba un gran cuartel en Harfleur, confiando en que esta lucha borraría el recuerdo de la ignominia del fallido chevauchée de su abuelo Juan de Gante.

Por primera vez en décadas, Inglaterra había ganado una batalla. La Guerra de los Cien Años había vuelto a su apogeo.

# Capítulo 13 – La Batalla de Azincourt

*Ilustración V: La Batalla de Azincourt.*

Cuando el ejército triunfante partió de Harfleur, lograron sentir la primera esencia de invierno en el aire. La brisa fresca de la mañana atestiguaba el hecho de que los meses de verano, tan ideales para los reyes en combate, habían terminado; se acercaba la nieve y, con ella, aumentaba el riesgo de muerte y enfermedad entre los soldados. La temporada de lucha estaba llegando a su fin. Enrique esperaba poder atacar directamente a París después de derrotar a Harfleur, pensando que, si podía destruir la capital francesa, entonces todo el reino sería suyo. Sin embargo, la resistencia de los residentes de Harfleur lo había sorprendido. Se habían resistido durante mucho más tiempo de lo que pensaba, y la enfermedad dejó reducido a su ejército, el asedio había afectado drásticamente sus suministros.

En cambio, Enrique dirigió su ejército hacia el norte, en dirección a la fortaleza inglesa de Calais. Probablemente planeó pasar el invierno ahí antes de renovar su ataque en la primavera. Sin embargo, su ejército todavía tenía que marchar— a una distancia de cientos de millas— y se estaban quedando sin comida y dinero. Enrique les ordenó que atacaran y buscaran alimento a medida que avanzaban, para disminuir aún más los recursos franceses.

El ejército se dirigió al norte, dirigiéndose a Calais. Sin que ellos lo supieran, el Delfín Luis finalmente había terminado de armar el ejército que supuestamente había salvado a Harfleur. Observó atentamente los movimientos ingleses, todavía renuentes a participar en una batalla campal. En cambio, envió a su ejército— una fuerza de aproximadamente nueve mil hombres, similar al tamaño del ejército de Enrique— para seguir el río Somme y así evitar que los ingleses lo cruzaran.

A finales de octubre, el Somme era el mayor obstáculo que se interponía entre los ingleses y su refugio seguro de Calais. Los hombres de Enrique estaban enfermos y cansados; habían marchado más de doscientas millas en menos de dos semanas, y muchos de ellos todavía sufrían la disentería que los había afectado en Harfleur. Necesitaban atravesar el Somme y entrar en Calais lo más rápido posible porque el ejército francés estaba creciendo incluso cuando los seguía a lo largo del río. Luis había hecho un llamado a los nobles locales, alentándolos a unirse a la lucha contra los ingleses; con cada día que crecía el ejército, también crecía su confianza.

Ahora era Enrique el que intentaba evitar una batalla con sus cansados soldados, pero pronto se hizo evidente que no habría escapatoria. Necesitaban llegar a Calais, y si tenían que derribar al ejército francés para lograrlo, así sería.

El 25 de octubre de 1415, ambos ejércitos se encontraron finalmente en un estrecho valle cerca del pueblo actual de Azincourt, Francia. Los ingleses estaban a solo veinte millas de su destino, pero hasta 36.000 soldados franceses se encontraban entre ellos y Calais. El ejército francés, comandado por un grupo de duques franceses, consistía principalmente en nobles, y mientras esperaban que comenzara la batalla, la arrogancia comenzó a mostrarse en sus palabras y acciones. Comenzaron a sentirse seguros de la batalla, sabiendo que superaban en número a los ingleses de tres a uno. Además, el ejército de Enrique solo contaba con aproximadamente 1.500 hombres armados en el mejor de los casos; el resto del ejército estaba formado únicamente por arqueros. Los hombres armados eran generalmente de sangre noble, mientras que los arqueros eran simples plebeyos, y la nobleza apenas los consideraba humanos— y mucho menos guerreros. Los ballesteros franceses y otros soldados comunes fueron retenidos porque los hombres armados decidieron que simplemente no necesitaban un grupo de campesinos para ayudarlos a ganar la batalla.

Pero estaban muy equivocados. A medida que avanzaba la larga noche, los nobles franceses les indicaron a sus soldados que se quedaran atrás, diciéndoles que no había lugar para ellos en la batalla. Los ingleses, por el contrario, permanecieron en completo silencio: Enrique les había ordenado que no dijeran una sola palabra toda la noche para evitar un ataque sorpresa y también para mantener a los hombres concentrados en lo que estaba por venir. Necesitarían cada gota de su coraje y capacidad intelectual para enfrentarse a la poderosa fuerza francesa.

Amaneció y nada ocurrió. Enrique era renuente a atacar a los franceses, sabiendo que mantener una posición defensiva era generalmente un movimiento más seguro. Los franceses, por el contrario, estaban bien alimentados y tenían abundante comida, así como casi 9.000 refuerzos marchando a su encuentro— simplemente se sentaron y esperaron, sabiendo que estaban evitando que Enrique se pusiera a salvo. Durante tres largas y agonizantes horas, Enrique esperó. Por fin, sabía que tendría que moverse antes de que el ejército francés creciera aún más o antes de perder más hombres por disentería. Avanzó con su ejército, colocándose en formación entre dos bosques en los flancos de las colinas. Utilizando el mismo plan de batalla que había tenido tanto éxito en Crécy, Enrique colocó a sus hombres armados en el centro de un embudo formado por arqueros. Esta vez, los arqueros estaban protegidos por estacas de madera afiladas que habían sido clavadas en el suelo en un ángulo frente a ellos.

El movimiento despertó la sed de batalla de los franceses. Montaron sus caballos y lanzaron una carga de caballería directamente hacia los arqueros, cabalgando cuesta arriba hacia las estacas de madera. Frente a una formación de caballos que se aproximaba hacia ellos, los arqueros tuvieron que mantenerse firmes y disparar sus flechas al intimidante enemigo. Las flechas infligieron poco daño a los caballeros, pero hirieron a muchos caballos, cortando o perforando sus espaldas y flancos. Esto generalmente no pudo matarlos, pero sí los hizo entrar en pánico. Frente a una formación de estacas y atormentados de dolor, los caballos se volvieron y huyeron cuesta abajo en una estampida fuera de control que los llevó directamente a través de las filas de la infantería francesa. La infantería se vio pisoteada y asesinada por los caballos de su propio ejército. Además, las extremidades forjadas con hierro de los caballos de carga servían para arar el terreno fangoso entre los ejércitos en guerra— una desventaja considerable para los franceses.

Retrocediendo con su primera carga rechazada, los franceses reconsideraron. Se percataron de que los caballos sin armadura serían inútiles contra los arqueros. En cambio, decidieron avanzar a pie, con una pesada armadura de placas que protegía a los hombres de la lluvia de flechas inglesas. El ejército se dividió en tres columnas o "batallas", y la primera se dirigió hacia los hombres armados ingleses a pie. El lodo redujo su primera carrera frenética a una especie de platija; los objetivos de movimiento lento habrían sido una elección fácil para los arqueros, pero a medida que las flechas seguían cayendo sobre ellos, su avance continuó. El sonido de las puntas de flecha de metal golpeando su armadura de placas debió haber sido ensordecedor, una cacofonía rugiente que sacudió los bosques y colinas circundantes. Pero los franceses continuaron, sosteniendo su armadura, y llegaron a la línea de hombres armados.

En este punto, muchos de los arqueros intercambiaron sus arcos por espadas y hachas y se precipitaron. Los franceses se encontraron en una prensa cerrada de enemigos, todos desesperados por llegar a la seguridad de Calais, luchando con uñas y dientes con desesperación. Pronto la línea francesa se dispersó y luchó, dividida en grupos de individuos que lucharon tan arduo como pudieron. Pero el ejército no era coherente, el comando estaba fragmentado y, sin unidad, no era nada.

La segunda línea de combate francesa se apresuró a ayudar a sus colegas, y posteriormente una parte de la tercera línea, pero nada funcionó. Los arqueros luchaban ahora cuerpo a cuerpo, otros disparaban a un alcance que podía perforar la armadura de placas, y los franceses se estaban muriendo por miles.

Las tres líneas de combate fueron casi destruidas. Los franceses que eran valiosos fueron encarcelados para obtener rescate; los otros fueron asesinados. Cuando la batalla finalmente se detuvo, Enrique tenía miles de prisioneros. Levantando los ojos del campo de batalla, un terreno pegajoso de lodo y sangre, observó a la nueva retaguardia francesa esperando en la distancia. El miedo lo invadió. Tenía demasiados prisioneros, y si se percataban de ello, podrían levantarse fácilmente y abrumar al cansado ejército inglés. Peor aún, si esa retaguardia atacaba, sus hombres serían necesarios para resistir su cargo en lugar de proteger a sus prisioneros.

La decisión de Enrique fue despiadada. Ordenó a sus caballeros que mataran a los prisioneros. Se resistieron — la idea iba en contra de cada concepto del código de caballería en el que habían sido criados. Enfurecido, el joven rey amenazó con colgar a cada uno de sus propios guerreros que no cumplieran sus órdenes, y los caballeros se volvieron contra sus prisioneros y los redujeron a la nada.

Ahora todo lo que quedaba era repeler los restos de la tercera línea de combate francesa y la retaguardia. Agotado, Enrique se volvió hacia su grupo de caballeros y ordenó un ataque. Con la mayoría de sus comandos muertos y acabando de presenciar la masacre de sus semejantes, los franceses estaban aterrorizados. Huyeron y los ingleses saquearon todo su campamento.

\* \* \* \*

Los ingleses no estuvieron exentos de bajas durante la Batalla de Azincourt, con algunos comandantes de alto rango— como el duque de York y el conde de Suffolk— asesinados. Sin embargo, Inglaterra solo perdió unos seiscientos hombres; Francia, por otro lado, perdió hasta once mil. Su extenso ejército había sido destruido por un grupo de plebeyos, una tripulación de arqueros cuya única ambición era llegar a Calais. El impacto en la nobleza francesa fue devastador, con cientos de señores de alto rango asesinados o capturados durante la batalla.

Con su enemigo a punto de ser aniquilado, Enrique era libre de llevar a su ejército cansado, maltratado y algo desmoralizado pero victorioso a la seguridad de Calais. Él mismo regresaría a Inglaterra en noviembre y sería recibido con los brazos abiertos por una nación que finalmente había encontrado un rey guerrero que podían considerar como un héroe una vez más. Francia aún no había sido completamente derrotada, pero los ingleses tenían a alguien en quien creer, y su enemigo fue destrozado con su rey fuera de sí y muchos de sus nobles muertos en la batalla.

Pero la guerra estaba lejos de terminar. Habían transcurrido tres cuartos de siglo desde que el joven rey Eduardo III había rendido homenaje al rey de Francia con una espada y una corona, y aún quedaban varias décadas antes de que la lucha finalmente concluyera.

# Capítulo 14 – Un Rey Bebé

En 1417, Enrique regresó a Francia, esta vez con la mirada puesta en la victoria total. Su ejército arrasó Normandía, una tierra que había pertenecido a los ingleses siglos atrás, y uno por uno capturaron sus fortalezas, incluidas las importantes ciudades de Caen y Rouen. La alianza entre Francia y Borgoña había sido destruida; en 1419, los borgoños se aliaron con el nuevo agresor y ayudaron a Inglaterra a apoderarse de Normandía.

En este punto, Francia había perdido la mayor parte de su confianza en su propia nobleza. El rey Carlos estaba demente, Luis estaba muerto y los partidarios del nuevo Delfín, también Carlos, asesinaron al duque de Borgoña— un movimiento que finalmente llevó a la alianza de Borgoña con Inglaterra. Todo el país lo detestaba, y además de ello, los franceses estaban cansados de décadas y décadas de guerra. En 1420, con Enrique aparentemente imparable mientras atacaba a través de un país dividido por la enfermedad mental y el asesinato, el rey Carlos acordó reunirse con Enrique en un intento de llegar a un tratado.

Era menos un tratado que una capitulación humillante, aunque Francia no se rindió por completo. De alguna manera, el rey Carlos logró asistir a la reunión sin tener un episodio psicótico, lo que debe haber sido un gran alivio para sus cortesanos, incluida su esposa

Isabel de Baviera. Aun así, parecía haber tenido poco que ver con las negociaciones, de acuerdo con los términos de Enrique. La princesa Catarina fue cedida y entregada a Enrique en matrimonio; pero, más que eso, el Delfín Carlos fue desheredado, y el rey Enrique fue nombrado sucesor del trono francés. La misma Isabel acordó desheredar al Delfín, sintiendo que Enrique había demostrado ser un gobernante más fuerte que su hijo o su esposo. Los ingleses habían reclamado por fin a Francia. Estas negociaciones se hicieron definitivas y ratificadas en el Tratado de Troyes, que se firmó el 21 de mayo de 1420.

La guerra parecía haber terminado. Pero el hermano y heredero de Enrique, Tomás el duque de Clarence, estaba a punto de hacer un movimiento que pondría en peligro todo por lo que Enrique había trabajado arduamente.

\* \* \* \*

Aunque Enrique ahora era el heredero del trono de Francia, la guerra aún no había terminado. Muchas regiones de Francia aún no se habían sometido a la idea de que algún día serían gobernadas por un inglés, a pesar de que Enrique prácticamente gobernaba el país, ya que había sido declarado regente. La principal resistencia fue organizada por el desheredado —y descontento— Delfín.

Sin embargo, habiéndose establecido en París, Enrique sabía que las cosas eran estables y que podía esperar en Francia por el momento. Regresó a Inglaterra en 1421, dejando a Tomás a cargo de su última conquista. En un intento por reprimir la resistencia del Delfín contra él, Enrique ordenó a Tomás asistir a un chevauchée en algunas de las provincias francesas. Al otorgarle el mando de cuatro mil hombres para este propósito, Enrique le dio a Tomás sus órdenes y luego regresó a Inglaterra, dejando a su hermano.

Tomás y sus hombres recorrieron las provincias de Anjou y Maine, quemando y saqueando sin esfuerzo cualquier cosa que el Delfín pudiera reclamar como suya. Al principio, no se realizó ningún intento por detenerlos; después de luchar en el asedio de

Rouen durante seis meses en 1418-1419, debió haber sido una elección fácil para Tomás, enfurecido por la batalla. Comparado con lo difícil que había sido la invasión de Normandía, esto fue como un paseo por el parque.

El Delfín, sin embargo, no se había rendido por completo. Se acercó a un enemigo de Inglaterra, un país que había sido aliado de Francia durante más de un siglo: Escocia. Después de haber estado en guerra con Inglaterra durante casi el mismo tiempo que Francia, los escoceses estaban más que satisfechos de ayudar y enviaron refuerzos a Francia desde 1419. El ejército de 5.000 hombres del Delfín estaba formado principalmente por escoceses, y estaban listos para probar un poco de sangre inglesa.

El Viernes Santo— 21 de marzo de 1421— fue testigo de cómo el ejército de Tomás acampaba cómodamente cerca del pueblo de Vieil Baugé. Tomás sospechaba que el Delfín tenía un ejército en algún lugar cercano, pero no estaba demasiado preocupado, y decidió enviar a casi todos sus arqueros en grupos de búsqueda reducidos para encontrar posibles objetivos y suministros. Mantuvo con él aproximadamente 1.500 hombres de su nobleza, hombres armados a caballo, mientras permitía a los plebeyos hacer la búsqueda.

Pero los suministros no fueron lo único que encontraron los equipos de búsqueda. Uno de ellos regresó cargando prisioneros con ellos, prisioneros cuyo porte y acentos los identificaron como escoceses. Los buscadores trajeron noticias del gran ejército franco-escocés acampando cerca de ahí. Tomás estaba satisfecho de finalmente haber encontrado un objetivo para luchar después de semanas de ocioso saqueo. Dirigiéndose a su grupo de caballeros, los reunió, decidiendo que su fuerza atacaría y conquistaría el ejército del Delfín por sí mismos. Sus asesores trataron de persuadirlo para que esperara el regreso de sus arqueros, que constituían casi dos tercios de su ejército, pero Tomás no se dejaría influir. Lánguidamente le ordenó al conde de Salisbury que pasara el tiempo en el campamento y esperara a que los arqueros regresaran, para que posteriormente lo siguieran lo antes posible. Mientras tanto, usaría el elemento sorpresa y se enfrentaría al Delfín de inmediato. Estaba convencido de que sus caballeros podían lograrlo.

Nuevamente estaba equivocado. Sus caballeros, superados en número de cuatro a uno, lo siguieron valientemente, directamente al ejército franco-escocés. Su ataque inicial fue exitoso, ya que los escoceses sorprendidos retrocedieron por un momento. Al ver cuán reducida era la fuerza de su oponente, se reagruparon rápidamente, y esta vez estaban usando una forma del arma más mortal de Inglaterra contra ellos: los arqueros. Los arqueros escoceses tenían la misma destreza que los ingleses, y derribaron el cuartel de caballería de Tomás. Lo poco que quedaba de la caballería se derrumbó en un combate cuerpo a cuerpo en el que fue superado en número y fue rápidamente abrumado y devastado.

Fue un jinete escocés, Sir John Carmichael, de Douglasdale, quien descifró a Tomás; atacó directamente contra el heredero inglés con una fuerza que destrozó su propia lanza. Tomás se estrelló contra el suelo, donde fue rápidamente atacado por Sir Alexander Buchanan, otro escocés. Sir Alexander hizo un rápido movimiento. Tomás fue asesinado, y el ejército fue prácticamente destruido. El conde de Salisbury rescató los grupos de hombres que quedaron cuando los arqueros finalmente se unieron a él, pero ya era demasiado tarde. Más de mil caballeros ingleses fueron asesinados.

Los escoceses permitieron que el conde llevara al resto del ejército a la seguridad de Normandía, derrotado por la misma arrogancia que tanto les había costado a los franceses en Azincourt. Si hubieran perseguido al ejército inglés, podrían haberlos expulsado de Francia de una vez por todas. De cualquier manera, los escoceses se habían demostrado en el campo de batalla como un poderoso aliado de Francia, tanto que el papa Martin V refiriéndose con humor al ejército escocés como un excelente "antídoto para los ingleses".

\* \* \* \*

Enrique tomó la noticia de la muerte de su hermano sorprendentemente tranquilo, pero esto no significaba que iba a descuidar su deber de vengarlo. Su rivalidad con el Delfín se había vuelto personal, y Enrique estaba decidido a establecer firmemente su reinado en Francia en el momento en que el demente y viejo Rey Carlos muriera. Habiendo terminado de lidiar con la coronación de su nueva esposa, ahora Reina Catalina, Enrique navegó a Calais en junio de 1421 con un ejército de aproximadamente 5.000 hombres.

El objetivo de Enrique era destruir la mayor cantidad posible de ciudades francesas sureñas—en su mayoría controladas por el Delfín. Esta campaña comenzó con éxito, pero una vez más, los franceses demostraron su tenacidad en la guerra de asedio, y a Enrique le tomó siete meses en conquistar la ciudad fortificada de Meaux. Sus paredes cayeron finalmente en la primavera de 1422.

Con la conquista de Meaux, Enrique planeaba continuar su campaña, pero el reinado del despiadado y ambicioso rey de Inglaterra estaba a punto de ser cruelmente interrumpido. En agosto de 1422, mientras estaba en campaña, se enfermó repentina y dramáticamente. Padecía disentería, esa misma enfermedad que había cobrado la vida de tantos de sus hombres en el asedio de Harfleur. Esta forma de diarrea infecciosa también le había quitado la vida al Príncipe Negro, y Enrique compartiría el mismo destino. Murió el 31 de agosto, dejando solo un heredero: un bebé de ocho meses, el primer hijo de Enrique con Catalina, la princesa de Francia.

El pequeño Enrique VI tenía solo nueve meses cuando fue coronado rey de Inglaterra. Y menos de dos meses después, el Rey Carlos el Demente murió pacíficamente de una enfermedad, potencialmente malaria. Había sido el rey demente durante casi treinta años de su reinado de cuarenta y dos años, y su muerte significaba que Enrique VI de diez meses era ahora el rey de Inglaterra y Francia.

Debido a que el bebé rey no era capaz de gobernar, la responsabilidad de Francia recayó en su tío, Juan de Lancaster, el duque de Bedford. Su objetivo principal era deshacerse del Delfín, que todavía creía que él era el rey legítimo en lugar de este pequeño bebé que no tenía idea del poder que ya tenía. El Delfín Carlos estaba decidido a reclamar su trono, pero el duque de Bedford era un comandante capaz que condujo a su ejército a diversas victorias contra el Delfín. La más notable de ellas fue la Batalla de Verneuil el 17 de agosto de 1424, en la que todo el ejército del Delfín fue prácticamente destruido. El duque de Bedford fue lo suficientemente sensato como para usar de manera adecuada a sus arqueros, y esto resultó en la pérdida de aproximadamente la mitad del ejército del Delfín.

Esto permitió al Delfín retirarse a la ciudad de Bourges, al sur del río Loira. Se nombró a sí mismo el Rey de Francia, mientras que sus enemigos se burlaron de él llamándolo Rey de Bourges porque eso significaba sobre toda la tierra que Carlos controlaba en ese momento. De hecho, estaba pensando en huir a Castilla, renunciar al reino que un día estaba a punto de heredar. Como cuarto hijo del rey Carlos VI, el Delfín tuvo que sobreponerse a todos sus hermanos mayores para llegar al poder; el hecho de que ahora se lo quitaran tan cruelmente era más de lo que podía soportar.

Sin embargo, no todo estaba perdido para el rey. La ayuda estaba por venir de la fuente más inesperada.

# Capítulo 15 – Juana y el Asedio

*Ilustración VI: Juana de Arco.*

Ella era solo una joven campesina. No se suponía que fuera importante.

Se suponía que no debía cambiar el curso de la guerra.

\* \* \* \*

Juana nació en una época en que las mujeres eran consideradas como objetos en lugar de como personas. Como lo demuestra el compromiso de la princesa Catalina con el rey Enrique V, las mujeres de alto rango fueron utilizadas como piezas comerciales en la política de esa época; eran piezas de propiedad, a veces para ser admiradas, a veces para jactarse, pero nunca, jamás para actuar por su propia cuenta. Ciertamente, nunca se les permitió ir a la guerra. Y en cuanto a las mujeres campesinas, eran poco más que bestias de carga, ni siquiera útiles para las batallas como lo eran sus contrapartes masculinas. No eran nada.

Sin embargo, una joven campesina nacida en 1412 en una pequeña y desconocida aldea francesa estaba a punto de cambiar el resultado de la guerra— e impactar la historia para siempre.

Juana era hija de un par de granjeros, típicos campesinos que la criaron para ser una joven campesina común. No sabía leer ni escribir, ni le habían enseñado a manejar un arma. En cambio, su madre le enseñó a ordeñar vacas, cuidar rebaños y adorar a Dios. Y de acuerdo a Juana, fue ese mismo Dios quien cambiaría su vida y el curso de la historia.

Juana tenía trece años cuando conoció a los santos. Se presentaron a ella mientras trabajaba en el jardín de su madre, tres de cuyos rostros reconoció de las imágenes en la iglesia, y le indicaron que salvaría a Francia y reinstalaría a su legítimo rey. Los santos desaparecieron, y Juana tomó sus palabras con gran seriedad. Ella prometió dedicarse al servicio de Dios hasta que él considerara que debía enviarla a la batalla.

Llegó ese momento en mayo de 1428, en un periodo en que Francia necesitaba urgentemente un rescate. El duque de Bedford había sometido a todo el norte de Francia, así como a su costa suroeste; solo el centro del país permaneció bajo el control de aquellos leales a la Casa de Valois y, por lo tanto, al Delfín Carlos. El ejército inglés estaba listo para dirigirse al centro de Francia y tomar todo el país en busca de Enrique VI, que entonces era un niño de seis años. Solo quedaba un obstáculo importante: Orleans. Esta importante ciudad estaba ubicada a orillas del Loira, y era la ciudad situada al norte que permaneció bajo el control de Carlos. Si podía tomar Orleans, el resto de Francia era tan apropiado como derrotado.

El conde de Salisbury, que estaba al mando del ejército inglés, dirigió una fuerza de tropas inglesas y borgoñones contra Orleans en el otoño de 1428. Al principio, parecía que el asedio sería breve. Los Tourelles, o la puerta de entrada, de la ciudad cayeron en las primeras semanas; la ciudad entera se habría perdido si no fuera por la llegada oportuna de algunos refuerzos franceses. Los franceses cavaron, al igual que los ingleses. El asedio se convirtió en un juego de espera. Durante cuatro largos meses, los ciudadanos de Orleans vivieron a la sombra del enemigo, muriendo lentamente de hambre mientras esperaban que los ejércitos en guerra llegaran a una especie de crisis.

La crisis se produjo en febrero de 1429 con la llegada de un ejército franco-escocés para rescatar la ciudad sitiada. Atacaron un convoy de vagones de suministros ingleses destinados a las tropas que rodeaban Orleans, pero la lucha fue una derrota devastadora conocida como la Batalla de Arenques, en la que los ingleses enviaron a los franceses y sus aliados a huir y continuaron triunfalmente a Orleans, con suministros y más. Consternados de que ni siquiera el convoy de suministros pudiera detenerse, y mucho menos el ejército sitiador, los comandantes de la ciudad decidieron que era hora de rendirse.

Se ofrecieron a entregar toda la ciudad a Felipe III el Bueno, duque de Borgoña, así como entregar una parte de sus impuestos a los ingleses y permitir que el ejército pasara por Orleans y continuara a Borges. El duque de Borgoña encontró la oferta irresistible, pero sabía que primero tendría que enviar la propuesta al duque de Bedford. Por mucho que Bedford se sintiera tentado por la oferta, sabía que atacar directamente a Borges significaría la victoria final, por lo cual se negó. Presintió que Orleans caería más temprano que tarde, y no tenía necesidad de hacer compromisos. Sería todo o nada.

La decisión del duque de Bedford resultó ser un error. Juana de Arco vendría, y ella lo cambiaría todo.

\* \* \* \*

Mientras se libraba la batalla de los arenques, Juana de Arco estaba luchando una batalla propia— pero esta era una batalla de ingenio, no de armas.

En ese momento tenía dieciséis años y creía haber escuchado la voz de Dios. Él le dijo que era hora de ir a buscar al Delfín Carlos y coronarlo rey en Reims, para luego liberar al pueblo francés del cruel control de los ingleses. Juana no protestó, ni consideró su condición de joven como excusa. En cambio, acudió al capitán Delfín más cercano que pudo encontrar y simplemente le explicó el asunto.

El capitán Roberto de Baudricourt se burló en voz alta de esta joven campesina de aspecto dulce que se atrevió a exigir una audiencia con el rey. La despidió con un comentario sarcástico, sacudiendo la cabeza y creyendo que nunca la volvería a ver. Pero Juan no se rindió. Ella acudió a él una y otra vez, finalmente diciéndole que Dios le había mostrado cómo las tropas del Delfín habían sufrido una derrota ese mismo día. Baudricourt la despidió— hasta que se enteró de la Batalla de Arenques. El hecho de que Juana aparentemente hubiera sabido sobre la derrota mucho antes de que cualquier medio pudiera haberle traído la noticia lo convenció de que esta chica realmente era una especie de profeta.

Estuvo de acuerdo en llevarla a Chinon donde el Delfín se alojaba en ese momento.

Vestida como un hombre para sobrevivir el viaje de once días a través del territorio repleto de ingleses vengativos, Juana y su escolta llegaron a Chinon a principios de marzo. Pasaron unos días antes de que le concedieran una audiencia privada con el Delfín. Aunque inicialmente escéptico, estuvo de acuerdo en escucharla— y lo que ella dijo lo convenció de que había sido enviada por el cielo. Nadie sabe exactamente qué le dijo; todo se pronunció con la más estricta confidencialidad, pero fuera lo que fuese, cambió de opinión. Una vez que Carlos la interrogó en la iglesia en Poitiers para asegurarse de que las visiones de Juana provenían de Dios y no de lugares más oscuros, la aceptó como profeta. La iglesia, sin embargo, estaba convencida de que ella era cristiana, pero no de que ella fuera el profeta que decía ser. Le indicaron a Carlos que tendría que probarla, para confirmar si realmente tenía una bendición divina.

Carlos logró una manera fácil y sencilla de llevar a cabo esta prueba. La joven continuaba diciéndole que rescataría a Orleans, que Dios la ayudaría a hacerlo. La ciudad ya estaba casi perdida; ¿qué era una campesina más frente a tantas bajas?

La dejó ir. Y vestida con una nueva armadura de placas, a horcajadas sobre un caballo de guerra, Juana de Arco se marchó.

* * * *

Los residentes de Orleans conocían todas las historias que habían estado circulando en Francia durante los últimos años. Había profecías sobre alguien que se presentaría, alguien que Dios enviaría para salvarlos de los ingleses. Las profecías eran vagas, pero todas parecían implicar lo mismo: una joven vestida con una armadura.

Y el 29 de abril, la profecía se hizo realidad a los ojos de todos los cautivos en el asedio de Orleans. Primero, observaron un estandarte: un estandarte blanco y brillante que se rompía con el viento de la tarde. Entonces la vieron. Era joven, su piel suave y clara, pero sus ojos ardían con algo que parecía estar más allá del concepto del tiempo. Su armadura brillaba de un blanco puro al anochecer, y también los flancos del orgulloso caballo que la llevaba. Y el fuego en sus ojos— iluminaba todo lo que había dentro de todos los que la miraban.

Era Juana. Por fin había logrado entrar en la ciudad, después de días de engaño por parte de los comandantes que no tomaron en serio a la joven campesina y siguieron encontrando razones falsas de por qué no podía entrar. Y ahora que finalmente estaba allí, estaba a punto de ponerse en acción.

En resumen, durante la semana siguiente, Juana condujo al ejército francés a la victoria. La manera en que lo logró exactamente es un tema que ha intrigado a los historiadores durante siglos. Juana no portaba espada ni derramaba sangre enemiga; en cambio, ella solo llevaba su brillante estandarte blanco, y cabalgó desarmada en la contienda de su reluciente caballo blanco. El ejército francés fijó sus ojos en ella, y la siguieron a las trincheras. El 4 de mayo, atacaron y derrotaron una fortaleza distante; al día siguiente, otra más. Para el 7 de mayo, habían recuperado los Tourelles. Juana fue herida por una flecha inglesa, sin embargo, continuó cabalgando, y en este punto, los franceses la habrían seguido a través de los fuegos del infierno si hubiera elegido llevarlos allí. En cambio, ella los llevó a los ingleses. Una vez que los Tourelles partieron, Orleans logró reabastecerse fácilmente, y así terminó el asedio. Los ingleses se retiraron.

Juan se marchó de Orleans poco después; una vez que su herida tuvo un poco de tiempo para recuperarse, cabalgó con su caballo blanco hacia Tours, donde planeaba encontrarse con el Delfín. Ella iba a proclamar su victoria, pero también tenía otros planes. Ese príncipe de ojos tristes había sido príncipe durante demasiado tiempo. Juana iba a convertirlo en rey incluso si era lo último que haría.

Y tristemente, casi lo sería.

# Capítulo 16 – Las Últimas Batallas

Después de que Orleans se encontró repentina y asombrosamente liberada, toda Francia se unió detrás del estandarte de Juana, ahora llamada la Doncella de Orleans. Los ingleses, sorprendidos por este repentino regreso, fueron enviados hacia atrás con sorprendente facilidad cuando Juana y el comandante de la mayoría del ejército de Carlos, el duque de Alençon, procedieron a tomar los puentes a lo largo del río Loira para evitar que los ingleses llevaran a cabo su plan de capturar el centro de Francia. Con su frontera defendida, los franceses se lanzaron a la ofensiva y los ingleses se prepararon para una invasión.

Los ingleses esperaban que los franceses se dirigieran hacia Normandía o París a continuación. En cambio, para su sorpresa, Juana, Alençon y el Delfín tenían como objetivo Reims. Era una idea arriesgada, mucho más lejos en territorio enemigo que la capital más estratégicamente importante en París, pero Juana estaba decidida: Carlos necesitaba ser coronado rey, y se llevaría a cabo en Reims, donde siempre se había hecho. Mientras Carlos todavía era renuente a confiar en ella, Alençon la apoyó por completo y siguió cada consejo bajo su mando. Los dos se dirigieron hacia Reims, la moral de su ejército se elevó con cada victoria. Tres ciudades cayeron ante ellos en cinco días ese verano, y fue suficiente para convencer a Carlos de que los siguiera a la ciudad. Finalmente fue coronado como el rey Carlos VII el 17 de julio de 1429.

Tras la coronación del rey Carlos, las cosas empeoraron. Aturdido por el dulce sabor de la victoria, el rey siguió a Juana a París, donde sitiaron la ciudad en un intento de recuperar la capital. El asedio fue breve, ambicioso y un completo fracaso. Juana condujo a un valiente grupo de hombres a las mismas puertas de París, donde los parisinos se encontraron con una lluvia de ballestas; una de ellas atravesó el muslo de Juana, y la doncella guerrera que estaba herida fue retirada del campo de batalla. Con el estandarte blanco caído, los hombres retrocedieron, y cuando se hizo evidente que París no iba a rendirse, Carlos decidió retirar su ejército.

Juana estaba furiosa. Ella había intentado renovar el ataque, pero Carlos se mantuvo firme, llevando a sus hombres de regreso a las tierras al sur del Loira, donde todo aún estaba bajo su control. Juana, sin embargo, fue hacia el norte a la ciudad de Compiègne. A pesar de estar profundamente en territorio inglés, la ciudad acababa de declarar su lealtad al rey Carlos, y Juana sabía que era solo cuestión de tiempo antes de que los ingleses intentaran derrotar su resistencia.

Carlos había perdido la fe en Juana después del fallido asedio de París, por lo que se negó a brindarle apoyo. En cambio, ella se encargó de reunirlo. Los franceses todavía creían en la doncella de Orleans, y ella se dirigió a Compiègne con un grupo de aproximadamente cuatrocientos voluntarios.

Antes de que la ciudad pudiera ser sitiada por completo, Juana intentó una breve ofensiva, lanzando un ataque sorpresa en un puesto fronterizo cercano de Borgoña con la ayuda de un francés, Guillaume de Flavy. Sin embargo, antes de que el ataque pudiera comenzar por completo, un grupo de enemigos que pasaba por el lugar detectó el ejército de Juana, y solicitaron refuerzos. Arribaron con tal velocidad y fuerza que Juana sabía que su reducido grupo de voluntarios no podía vencer. Les ordenó que regresaran a Compiègne y se salvaran. Se apresuraron de regreso hacia la ciudad; Juana, sin embargo, se detuvo en su caballo, esperando que cada hombre volviera a un puesto seguro antes de seguirla. Era la posición de honor tomada por todos los grandes comandantes en retirada, y era su costumbre hacerlo, a pesar de que no portaba armas y no podía intentar proteger la parte trasera de su ejército.

Aun así, no habría llegado a un lugar seguro si no fuera por Guillaume de Flavy. Al ver a los burgundios aproximarse a los franceses, Guillaume decidió reducir sus pérdidas— incluso si eso significaba perder parte de su retaguardia. Condujo a las tropas a Compiègne y luego, justo ante los ojos atemorizados de Juana, cerró repentinamente las puertas. La retaguardia se agrupó contra las puertas, golpeándolas, gritándole a su comandante que las abriera, para que los dejara a salvo incluso cuando los burgundios los atacaron. Pero Guillaume no hizo tal cosa. Observó a los burgundios abrumados y capturaron a la retaguardia, incluida su ilustre líder, Juana de Arco.

\* \* \* \*

Los burgundios estaban satisfechos de haber capturado una figura tan importante en el ejército francés. Llevaron a Juana a una fortaleza cercana y la mantuvieron prisionera, a pesar de sus muchos intentos de escapar. Era una prisionera problemática, y cuando los ingleses ofrecieron 10.000 livres tournois para comprarla a los borgoñones, la vendieron con gusto como si fuera un objeto inanimado.

Los ingleses rápidamente pusieron a Juana en juicio. En un desafortunado giro del destino, la joven que afirmó haber sido enviada por Dios fue juzgada como bruja, y debido a que el juicio fue supervisado en su totalidad por ingleses y burgundios que sabían lo que esto significaba para sus enemigos franceses, estaban decididos a demostrar su culpabilidad. Juana fue quemada en la hoguera en la ciudad de Rouen el 30 de mayo de 1431. Solo tenía una petición final: llevar puesto un crucifijo mientras moría.

Casi quinientos años después, en 1909, Juana no solo fue rehabilitada en la iglesia— sino que fue beatificada. En la Iglesia Católica, ahora se la conoce como Santa Juana.

\* \* \* \*

Juana se había ido, pero la guerra de Francia estaba lejos de terminar. La marea ya había cambiado contra los ingleses, y a pesar de las derrotas en París y Compiègne, los franceses estaban recuperando lentamente los territorios que Inglaterra había reclamado. Cuando el duque de Bedford murió en 1435—noventa y ocho años después del comienzo de la guerra— fue un duro golpe para los ingleses; el rey Enrique VI todavía era un niño pequeño, e Inglaterra se encontró sin un líder del que hablar. Mientras tanto, Carlos VII estaba decidido a finalmente obtener el trono en París. En un acto que una vez más retrató la veleidad de Borgoña, el duque de Borgoña hizo realidad el deseo de Carlos en septiembre de 1435 al abandonar Inglaterra en favor de Francia y firmar un tratado que devolvería París a su control.

El rey Carlos estaba finalmente en su trono. E Inglaterra, que se encontraba tambaleándose sin liderazgo, fue expulsada gradualmente del país durante los siguientes dieciocho años. Ruán cayó en 1449; el resto de Normandía no mucho después. Con Normandía nuevamente bajo su control, el rey Carlos decidió enfocarse en Gascuña, el ducado que había comenzado todo este desorden de guerra. Burdeos, la capital, cayó ante Francia en 1451. Sus ciudadanos se habían considerado súbditos del rey inglés durante siglos y no estaban satisfechos con este repentino giro de los acontecimientos. Se dirigieron a Enrique VI, que ya era un adulto, en busca de ayuda. Estaba demasiado ocupado concentrándose en expandir sus territorios a otros lugares y apenas podía molestarse por esta antigua guerra en Francia, por lo que envió un ejército de aproximadamente 3.000 hombres bajo el control de Juan Talbot, conde de Shrewsbury. Logró retomar la ciudad en octubre de 1452.

A diferencia de Enrique VI, Carlos estaba completamente concentrado en ganar la guerra y expulsar a los ingleses de Francia para siempre. Cuando Talbot avanzó desde Burdeos, el ejército de Carlos se acercó a él, listo para bloquear cualquier movimiento que pudiera hacer. El 17 de julio de 1453, Carlos puso a su ejército contra el de Talbot. Su batalla fue inquietantemente similar a la postura adoptada por los ingleses en la Batalla de Crécy, con una gran diferencia: Carlos no estaba usando arqueros— estaba usando armas. Con hasta trescientas armas esperando la llegada del ejército de Talbot, Carlos sabía que la victoria era suya incluso antes de que la batalla comenzara.

Talbot avanzó, un hombre de sesenta y seis años con barba blanca y una mente llena de caballeros, arqueros y otros métodos anticuados de guerra. Pero la época de los arqueros ingleses había terminado. La artillería francesa era la mejor del mundo en ese momento; los arcos y las flechas estaban anticuados, y el olor a pólvora y el estallido de las armas habían reemplazado el ruido de las flechas que caían sobre el acero. Los hombres de Talbot avanzaron directamente hacia una lluvia de muerte absoluta, y se informó que un solo disparo de cañón mató a seis hombres a la vez. La matanza prevaleció entre las tropas, Talbot fue asesinado y los ingleses fueron derrotados por completo.

La Batalla de Castillón marcó el final oficial de la Guerra de los Cien Años, con una decisiva victoria francesa asegurando que el ducado de Gascuña fuera devuelto a la corona francesa, siendo Calais el único territorio inglés que quedaba. La era de los caballeros armados que empuñaban lanzas y anchos espadas, acompañados por reclutas feudales que dispararon flechas de madera con los arcos que habían sido tallados en una sola pieza de madera, había terminado. Ahora los ejércitos se parecerían a los del victorioso Carlos VII: grupos militares profesionales que portaban armas y luchaban con cañones. La Guerra de los Cien Años había terminado y, con ella, la Edad Media estaba llegando a su fin.

# Conclusión

Uno de los efectos más importantes de la Guerra de los Cien Años fue formar una división cultural entre Inglaterra y Francia por primera vez. Desde que Guillermo el Conquistador aterrizó en suelo inglés, derrotó al rey Harold en Hastings y conquistó a Inglaterra en 1066, Inglaterra había estado usando el idioma francés para todos los asuntos oficiales. Fue solo cuando la guerra se había desatado durante décadas que el idioma inglés realmente se convirtió en propio por primera vez—un idioma que todavía domina el mundo entero en la actualidad.

La población de ambos países también se vio profundamente afectada, con Francia perdiendo hasta la mitad de su población por la combinación de la Guerra de los Cien Años y la Peste Negra.

En última instancia, sin embargo, el mayor efecto de la guerra fue probablemente la guerra en sí misma. La edad del caballero y el caballo de guerra llegaron a su fin durante esta guerra, con la artillería, la infantería y la caballería ligera en primer plano. La guerra también definió el desarrollo del uso de armas, lo cual es fácilmente evidente al comparar la importancia de los cañones en las primeras batallas con las posteriores. En Crécy, los cañones se utilizaron para intimidar al enemigo, mientras que en Castillón fueron fundamentales para la victoria de Carlos VII.

Quizás una de las lecciones más importantes para aprender de la historia de la guerra es cómo la avaricia y la ambición de un solo individuo pueden causar conflictos, miseria y muerte entre generaciones y en diversos países. Esta guerra no se basó en profundas diferencias culturales. Se basó en un simple hecho: el orgullo y la codicia del rey Eduardo III, para quien gobernar sobre un país simplemente no era suficiente. Deseaba la corona de Francia, para evitar la humillación de rendir homenaje al rey de Francia, y debido a su arrogancia y egoísmo, dos naciones se vieron sumidas en un siglo entero de guerra.

# Apéndice: Cronología Integral de la Guerra de los Cien Años

## La Guerra Eduardiana (1337-1360)

• **1328:** El rey Carlos IV de Francia muere sin heredero. Felipe de Valois es coronado como rey Felipe VI d Francia.

• **1330:** El rey Eduardo III de Inglaterra es coronado y reclama el trono de Francia a través de su madre, la hermana de Carlos IV, Isabel.

• **1331:** Eduardo acepta brevemente a Felipe VI como su señor feudal, considerando que también es duque de Aquitania, una parte de Francia.

• **1332:** Eduardo va a la guerra con David II de Escocia, quien es un aliado francés.

• **1336:** Felipe envía tropas a Escocia para apoyar a David en la guerra contra Inglaterra. Los corsarios franceses comienzan a capturar barcos ingleses.

• **1337:** El Parlamento aprueba los planes de Eduardo de enviar un ejército a Aquitania (también conocida como Gascuña) después de que Felipe confisca algunas de las tierras francesas de Eduardo.

Felipe hace un llamado a las armas en toda Francia. El ejército de Eduardo zarpa hacia Aquitania a mediados de año.

• **1340:** Eduardo hace pública su reclamación al trono francés. Inglaterra gana la batalla de Sluys.

• **1341:** Comienza la Guerra de Sucesión Bretona, con Inglaterra apoyando a Juan de Montfort y Francia apoyando a Carlos de Blois.

• **1346:** Inglaterra gana la Batalla de Crécy en Francia y la Batalla de Neville´s Cross contra los escoceses.

• **1347:** Eduardo toma Calais, una fortaleza francesa.

• **1348:** Francia se ve afectada por la peste bubónica, lo que detiene la guerra.

• **1350:** La peste mata a Felipe VI. El rey Juan II de Francia es coronado.

• **1356:** El Príncipe Negro derrota al rey Juan II en la Batalla de Poitiers, el rey francés es tomado prisionero.

• **1358:** Mientras el Delfín Carlos intenta recaudar dinero para rescatar a su padre, el Rey de Francia, los campesinos franceses se rebelan contra los impuestos aumentados.

• **1359:** Carlos se ve obligado a negarse a aceptar un tratado propuesto por el Rey Juan encarcelado debido a la tensión financiera.

• **1360:** Eduardo lanza una campaña en Francia. El Lunes Negro obliga a Eduardo a negociar en lugar de obtener su ventaja.

• **1364:** Mientras había paz entre Inglaterra y Francia, la Guerra de Sucesión Bretona termina con la Batalla de Auray. Juan de Montfort se convierte en duque de Bretaña. El rey Juan muere en cautiverio, El rey Carlos V de Francia es coronado.

• **1366:** El Príncipe Negro desempeña un papel importante en la Guerra Civil castellana, ayudando a Pedro el Cruel contra el favorito francés, Enrique de Trastámara. Pedro es reinstalado, pero no salda sus deudas con el Príncipe Negro.

## La Guerra Carolina (1369-1389)

• **1369:** Ayudado por Francia, Enrique retoma el trono. El Príncipe Negro grava severamente a Aquitania; sus señores le solicitan ayuda a Carlos V y se declara la Guerra.

• **1369:** Una escaramuza en Poitou resulta en la muerte del Senescal Inglés Sir John Chandos.

• **1372:** Los franceses recuperan Poitiers, La Rochelle y otros territorios.

• **1373:** El Príncipe Inglés Juan de Gante lidera una incursión en Francia, que en última instancia resulta en fracaso.

• **1376:** La muerte del Príncipe Negro.

• **1377:** Los franceses recuperan Bergerac. El Rey Eduardo III muere y es sucedido por el joven rey Ricardo II.

• **1380:** El Conde inglés de Buckingham ataca nuevamente Francia en apoyo del duque de Bretaña y asedia Nantes. Carlos V muere, y el joven rey Carlos VI es coronado.

• **1381:** El Duque de Bretaña cambia de papel y paga al Conde de Buckingham para detener la ofensiva. La rebelión de los campesinos en Inglaterra desvía la atención de Ricardo II de la guerra.

• **1382:** Las rebeliones campesinas en Francia continúan deteniendo la guerra,

• **1383-1385:** El interregno portugués, considerado una guerra de poder.

• **1389:** Firma de la tregua de Leulinghem, comenzando la segunda paz.

- **1392:** Charles VI se vuelve demente.

- **1399:** Enrique de Bolingbroke destituye a Ricardo II y es coronado Rey Enrique IV de Inglaterra.

- **1400:** Gales inicia una rebelión contra Inglaterra.

- **1402:** Invasión inglesa de Escocia, que resulta en la Rebelión de Percy.

- **1405:** Francia apoya la rebelión de Gales.

- **1410:** La Guerra Civil amenaza en Francia.

- **1413:** Enrique IV muere. Enrique V es Coronado rey de Inglaterra. Al observar que Francia está paralizada bajo su rey demente, Enrique V reclama más territorios en Francia y exige la mano de su princesa en matrimonio.

- **1415:** Rebelión galesa detenida por los ingleses.

## La Guerra de Lancaster (1415-1453)

- **1415:** Enrique invade Francia. Inglaterra gana el asedio de Harfleur y la Batalla de Azincourt.

- **1417:** Caen derrotado ante los ingleses.

- **1419:** Rouen derrotado ante los ingleses.

- **1420:** Firma del Tratado de Troyes. Enrique se casa con la princesa de Francia. El Delfín, Carlos, es desheredado.

- **1422:** Muerte de Enrique V. Enrique VI, un bebé, es coronado rey de Inglaterra y Francia. El Delfín Carlos intenta mantener el control sobre el centro de Francia.

- **1428:** Comienza el asedio de Orleans. Juana de Arco recibe su visión y comienza a intentar llegar a la ciudad.

- **1429:** Juana de Arco lleva a los franceses a la Victoria en Orleans, se corona al Delfín como Rey Carlos VII en Reims.

- **1430:** Captura de Juana de Arco.

- **1431:** Juana de Arco es ejecutada por los ingleses.

- **1435:** Borgoña, un aliado clave de los ingleses, se alía a Francia.

- **1449:** Rouen recapturado por los franceses.

- **1450:** Inglaterra derrotado en la batalla de Formigny.

- **1451:** Los territorios de Aquitania son reclamados por los franceses.

- **1453:** La Batalla de Castillón concluye en la derrota inglesa.

# Segunda Parte: Juana de Arco

*Una Fascinante Guía de una Heroína de Francia y su Papel Durante la Fase Lancasteriana de la Guerra de los Cien Años*

No temo a los soldados, porque mi camino se abre para mí; y si vienen los soldados, tengo a Dios, mi Señor [...]. ¡Fue por esto que nací!

-Juana de Arco

# Introducción

Juana de Arco. Algunos la consideran una lunática; algunos, como una parte de la historia tristemente incomprendida; otros, como un genio hambriento de poder; y la Iglesia católica, como una santa y un símbolo de fe, humildad y coraje frente a la persecución. Sin embargo, una cosa no se puede negar: Juana de Arco fue una de las figuras más notables en la historia de la raza humana, y su vida extraordinaria es una historia fascinante que deja muchas preguntas sin respuesta en la historia.

Cuando Juana llegó a la escena, Francia era un país en una situación desesperada. Casi completamente derrotado por los ingleses, estuvo a punto de convertirse en poco más que una joya de la corona inglesa. El heredero legítimo de su trono, el Delfín Carlos, era un hombre desanimado y malhumorado que había renunciado a gobernar su país. El tiempo nunca había sido más ideal para un salvador y, sin embargo, ningún salvador había sido tan improbable como Juana. Ella no era una guerrera, ni era una princesa, ni fue educada de ninguna manera. En cambio, ella era solo una campesina y una mujer, además. En la era medieval, una persona como ella prácticamente no tenía importancia.

Excepto que Juana no dejó que eso la detuviera. Inspirada por lo que creía que era revelación divina, se atrevió a exigir una audiencia con el Delfín, a pesar de que pertenecía a la clase más baja imaginable. Es posible que no supiera leer ni escribir, pero estaba decidida a salvar a su país. Se ha dicho que la fe puede mover montañas. Es difícil imaginar una montaña más grande que la que movió la fe de Juana.

La historia de Juana se siente como una novela en lugar de una parte de la historia. Era una salvadora brillante en un caballo de guerra, agitando su estandarte blanco y llamando a sus soldados a la victoria; pero también era dolorosa e intensamente humana, una joven que lloraba y sufría igual que el resto de nosotros. En el mismo aliento, es tan fácil relacionarse con Juana como impresionarse por su increíble personaje. Ella pudo haber sido beatificada como una santa, pero Juana de Arco fue en muchos sentidos un ser humano muy común, una persona que sintió dolor y miedo, una persona que cometió errores y que tuvo momentos de debilidad. Este libro la sigue a través de su extraordinario viaje. Sienta su terror cuando experimentó por primera vez sus visiones. Observe su determinación mientras convence a un cínico capitán para que le otorgue su paso al Delfín. Experimente su euforia y fe mientras dirigía al ejército francés a la victoria continua. Llore junto a ella mientras el rey de Francia la traiciona. Sufra con ella durante su largo encarcelamiento en manos de sus enemigos. Y llore con los testigos que la vieron arder por un crimen que no cometió.

Ella era Juana de Arco, una persona cuya vida sigue envuelta en misterio, pero que sin embargo es una aventura fascinante. Y esta es su historia.

# Capítulo 1 - La Guerra Interminable

Todo comenzó con un bebé, una niña, para ser exactos. Si la pequeña y recién nacida Blanche de Francia, nacida el 1 de abril de 1328, hubiese llegado al mundo como un niño en lugar de una niña, entonces la guerra podría no haber comenzado nunca. Era un aspecto cruel del destino que algo tan pequeño debería tener la capacidad de causar una tragedia tan extendida y duradera, y si no fuera por las leyes sexistas de la época no hubiese habido conflicto sobre el trono de Francia. Sin embargo, Blanche, la más joven de las dos hijas sobrevivientes del rey Carlos IV, nació en una época en que a una mujer no se le permitía gobernar el reino de Francia. Y así, se declaró que el difunto padre de Blanche había muerto sin un heredero. La dinastía de los Capetos terminó con él.

El rey Carlos IV fue el hijo sobreviviente más joven de Felipe IV, quien tuvo tres hijos. Cada uno había sido rey a su vez después de la muerte de Felipe: primero Luis X, posteriormente Felipe V y luego, finalmente, Carlos. Los únicos otros hermanos que sobrevivieron fueron una hermana mayor, Margaret, y una menor, Isabella. El hermano menor de Carlos, Roberto, había muerto de niño. Nuevamente debido a su género, ninguna de las mujeres podía tomar el trono. Pero quizás Isabella podría proporcionar un heredero, un heredero que sería muy insatisfactorio para la nobleza francesa. En un intento por mejorar las relaciones diplomáticas entre Francia e Inglaterra, Isabella se había casado con el príncipe de Inglaterra cuando tenía solo doce años. Pero ahora era una mujer adulta de aproximadamente treinta años, una mujer muy inteligente que se había ganado el título de Loba de Francia, y su esposo era el adolescente rey Eduardo II de Inglaterra. Como pariente masculino más cercano del difunto rey de Francia, Eduardo tenía un derecho legítimo al trono francés.

La nobleza francesa luchó para evitar lo impensable de que un hombre fuera el rey de Francia e Inglaterra. Se las arreglaron para encontrar un heredero alternativo. Felipe de Valois había sido un noble menor como hijo de un conde; gran parte de su vida antes de la muerte del rey Carlos IV se perdió en la historia, ya que no fue considerado importante durante su infancia. Pero su padre, aunque era un noble menor, también era el hermano menor de Felipe IV, el padre de Carlos IV, lo que hizo de Felipe de Valois el pariente más cercano al rey fallecido a través de la línea masculina. Fue coronado apresuradamente el rey Felipe VI de Francia antes de que Eduardo pudiera reclamar el trono.

Para frotar sal en la herida, Eduardo no solo era el rey de Inglaterra, sino también el duque de Aquitania, un gran ducado en Francia, debido al hecho de que los reyes de Inglaterra le debían su herencia a la sangre francesa desde las victorias de Guillermo el Conquistador en 1066. Por esa razón, Eduardo también era técnicamente un vasallo del rey de Francia, lo que lo obligó a rendir homenaje al rey. Rendir homenaje era una ceremonia humillante que implicaba jurar lealtad y mostrar sumisión, y Eduardo no tenía la intención de rendir homenaje a un rey que creía que le había robado su segundo trono.

Isabella se había casado con Eduardo en un intento de hacer las paces. En un inesperado giro del destino, ese acto terminó desencadenando el conflicto más largo de la historia europea. No le tomó mucho tiempo a Eduardo, un adolescente fanático, violar la ceremonia de homenaje al usar su espada y su corona en lugar de tener la cabeza descubierta como era costumbre. Como represalia, Felipe intentó confiscar Aquitania. Eduardo aceptó el desafío al forzar su reclamo al trono francés. En 1337, sonó el llamado a las armas. Era la guerra.

\* \* \* \*

La Guerra de los Cien Años se ha convertido en uno de los conflictos más extensos en la historia del mundo. Hasta que la Primera Guerra Mundial reclamara ese título, también se conocería como la Gran Guerra. A partir de 1337, seguirá siendo principalmente un conflicto por la sucesión, que se desato entre la familia inglesa Plantagenet y la Casa francesa de Valois. La cantidad de insultos y combates que conllevó la guerra finalmente se desbordó en diversas guerras de poder, incluida la Guerra de Sucesión bretona y la Guerra Civil castellana, durante las cuales Francia e Inglaterra elegirían un bando y ofrecerían apoyo al campeón que habían elegido.

La primera gran batalla, la batalla de Sluys en 1340, fue una batalla naval que los ingleses ganaron decisivamente, lo que les permitió invadir Francia y sitiar la fortaleza de Tournai. Francia se defendió, atacando a Inglaterra en tres frentes: en la propia Francia, a lo largo de la costa inglesa quemando y saqueando varias ciudades, y desde la frontera escocesa a través de uno de los aliados franceses más importantes: el rey David I de Escocia.

Sin embargo, a medida que la primera fase de la guerra se extendía por décadas, Inglaterra comenzó a tomar ventaja. Los ingleses ganaron la batalla de Crécy utilizando la destreza de los arqueros comunes para derrotar a la magnífica caballería francesa, una derrota abominable para los altivos franceses. Esto fue seguido por más victorias inglesas en Neville's Cross y Calais, y luego, finalmente, después de un breve interludio mientras ambos países estaban ocupados frente a la peste negra, Poitiers. Esta última victoria resultó en la captura del rey francés, el sucesor de Felipe VI, Juan II. Juan fue enviado de regreso a Inglaterra y rescatado por una ridícula suma de dinero.

En 1360, el rey Eduardo dirigió otra campaña a través de la paralizada Francia. El país estaba luchando bajo el mandato de su joven líder, el Delfín Carlos, cuyos esfuerzos se centraron en gravar a los campesinos para poder pagar el rescate de su padre. Eduardo recorrió todo el país, en dirección a Reims y París, dos de las ciudades más importantes de Francia. Pero el Lunes Negro puso fin a todo eso. Una inusual tormenta de granizo estalló sobre las tropas de Eduardo, matando a varios miles de hombres y caballos. Eduardo lo consideró como una señal de Dios de que esta campaña estaba en contra de su voluntad y regresó a Inglaterra, lo que resultó en el primer tratado de la guerra. El Tratado de Brétigny fue la renuncia al reclamo de Eduardo al trono, pero devolvió a Aquitania a su posesión. El rey Eduardo regresó a Inglaterra, dejando a su hijo, Eduardo el Príncipe Negro, a cargo de Aquitania.

La paz no duró mucho. La segunda fase de la guerra (conocida como la guerra de Carolina) comenzó solo nueve años después. La participación del Príncipe Negro en la Guerra Civil castellana lo había dejado físicamente enfermo y financieramente dañado, lo que lo obligó a gravar fuertemente a sus súbditos en Aquitania. El rey Eduardo III se estaba volviendo mayor y enfermo, y el rey Juan II finalmente había muerto en cautiverio. Su hijo fue coronado Carlos V. Cuando algunos de los nobles del Príncipe Negro de Aquitania pidieron ayuda al rey Carlos, el rey francés estaba agradecido. Extendió una llamada cortés al Príncipe Negro solicitando su presencia en Francia, por lo que el Príncipe declaró que estaría allí, con un ejército invasor. La guerra total comenzó de nuevo.

Esta vez, los franceses tenían la ventaja. Con los dos líderes militares más importantes de Inglaterra incapacitados por la edad y la enfermedad, Francia fue dirigida por un rey enfurecido que había estado esperando esta oportunidad durante demasiado tiempo. En 1372, diversos territorios volvieron a estar bajo el control francés, incluidos Poitiers y la importante ciudad portuaria de La Rochelle. Las redadas de los ingleses John de Gaunt y el conde de Buckingham resultaron ineficaces, ya que los franceses continuaron recuperando su terreno perdido.

Cuando el Príncipe Negro, el rey Eduardo y el rey Carlos murieron en 1376, 1377 y 1380, respectivamente, fueron sucedido por dos reyes: Ricardo II de Inglaterra, de diez años, y Carlos VI de Francia, de once años. Su juventud y los importantes disturbios civiles, como la revuelta de los campesinos ingleses en 1381, pusieron fin repentinamente a las hostilidades. Si bien el interregno portugués de 1383-1385 se consideró una guerra indirecta, no tuvo un efecto estratégico significativo, y en 1389, los reyes habían firmado la tregua de Leulinghem, terminando la fase de la guerra de Carolina y marcando el comienzo de 25 años de una inquietante paz.

Quizás algunos creían que la guerra podría haber terminado. Sin embargo, los disturbios continuaron en ambos países. En 1392, Carlos VI experimentó repentina e inesperadamente un momento de psicosis que lo llevó a matar a uno de sus propios caballeros. Fue arrastrado de regreso a su castillo atado para su propia seguridad, y lamentablemente para su gente, este no sería el último de estos episodios. Continuaría experimentando alucinaciones, delirios y comportamientos extraños por el resto de su vida. Sin un gobernante, Francia se vio incapaz de luchar a gran escala.

Inglaterra misma tampoco estaba en posición de invadir. Ricardo II fue depuesto por Enrique de Bolingbroke, que pronto coronó a Enrique IV, que fue rodeado por todas partes por rebeliones de Inglaterra y Gales. Francia apoyó la rebelión galesa, pero fue aplastada en 1415 por el hijo de Enrique IV, un joven particularmente despiadado coronado como el rey Enrique V en 1413.

Con la paz establecida en su propio país, Enrique V se propuso expandir su gobierno. Y sabía que Francia, con su rey demente, era una presa fácil.

# Capítulo 2 - Una Profecía Susurrada

*Ilustración I: La casa donde nació Juana de Arco*

Francia, 1415. Harfleur acababa de caer ante los ingleses. El puerto había resistido valientemente, resultando en un asedio que duró más de un mes, a pesar de las fuerzas significativamente superiores de Enrique V. Pero el 22 de septiembre, la ciudad cayó por completo, y Enrique estableció un punto de apoyo firme en suelo francés donde podría recibir refuerzos.

Toda Francia temblaba de miedo. Había varios líderes militares franceses fuertes en ese momento, pero los episodios de locura del rey Carlos VI solo se habían intensificado y se hacían más frecuentes a medida que la edad seguía afectando su deteriorada salud mental. Sin un solo líder unificador, el ejército francés se tambaleaba frente a la poderosa fuerza de Enrique. Enrique atacó con firme determinación mientras la nobleza francesa peleaba arrogantemente entre ellos, y los plebeyos se vieron sobrecargados de impuestos y sin inspiración por su liderazgo. Muchos nobles franceses comenzaban a preguntarse si no sería mejor rendirse a los ingleses y dejarse llevar por un rey que estuviera en plena posesión de sus facultades mentales, además de ser un líder militar talentoso.

Pero los plebeyos y muchos de los otros nobles se reusaban a ello. Eran franceses y querían seguir siendo franceses bajo el mando de un rey francés. Y fue entre estas personas que la profecía había comenzado a circular.

\* \* \* \*

Mientras los ingleses se movían inexorablemente por todo el país, la profecía voló de boca en boca. Era antigua, una que había sido recitada durante mucho tiempo, pero cuanto más se acercaban los ingleses, más rápido se movía la profecía. Una cosa rápida y susurrada, desapareció ante la horda que se acercaba.

Nadie está seguro de dónde vino originalmente la profecía. Algunos lo atribuyeron a San Bede el Venerable, un monje y escritor del siglo VII. Otros creían que provenía de Euglide de Hungría, e incluso otros pensaban que había sido hecho por el mago místico de la época del rey Arturo y sus caballeros: Merlín. De donde sea que proviniera y sin importar cuán antigua era (nadie lo sabía con certeza), repentinamente fue recordada. Fue algo desesperado para un tiempo incierto. Y los tiempos se volvieron cada vez más desesperados cuando Enrique se extendió por todo el país. Ciudad tras ciudad cayó ante él como el trigo ante la guadaña, comenzando con la batalla de Agincourt, donde la enorme fuerza francesa no pudo hacer nada contra los ingleses. Caen cayó. Posteriormente Ruan. Para 1420, toda Francia estaba en grave peligro con los ingleses en todo el campo.

Tan rápido como se movían los ingleses, la profecía se movía más rápido. Estaba en cada boca y en el oído de cada francés en ese momento. Era tan simple como aterrador, tan siniestro como esperanzador.

*Francia se perderá por una mujer,* se dijo. *Pero será salvado por una virgen de las fronteras de Lorraine.*

Era una profecía inusual para ese tiempo, considerando que las mujeres en gran medida tenían poco papel en la política y ciertamente ningún papel en la guerra. Incluso las mujeres nobles a menudo se usaban como mercancía en ese momento, y se casaban para mejorar las alianzas por capricho de su padre. Sin embargo, esta profecía parecía decir que dos mujeres podrían cambiar el destino de toda Francia, no una, sino dos veces.

Quizás en cualquier otro momento, la profecía habría sido rechazada. Pero no en este. El pueblo de Francia estaba desesperado, y se aferraron a esta profecía con mano de hierro.

\* \* \* \*

Los franceses reconocían que la primera parte de su profecía estaba a punto de hacerse realidad: la parte en que Francia estaba perdida por una mujer. Juan el Valiente, duque de Borgoña, tenía el potencial de ser uno de los aliados clave de Francia; pero cuando los celosos partidarios del Delfín, también llamado Carlos, lo asesinaron en París en 1419, los burgundios cambiaron de bando para unir fuerzas con los ingleses. Borgoña tomó París, y la capital estaba oficialmente al alcance del enemigo.

Lo que los franceses no sabían era que la segunda parte de la profecía ya se había puesto en marcha. En 1412, incluso antes de que Enrique llegara en Harfleur, nació la Doncella de Francia. Sin embargo, ella no nació en la ropa de cama de seda de una casa noble. En cambio, nació en la aldea campesina de Domrémy en una modesta pero típica casa campesina, un pequeño edificio sinuoso en un reducido pedazo de pavimento sinuoso, bordeado por el bosque y la iglesia. Fue aquí, y no en algún palacio elevado o castillo majestuoso, donde la heroína de Francia pasaría su infancia. Domrémy en sí era un pequeño pueblo de poca importancia en el noreste de Francia, cerca de la frontera con Lorraine, entonces parte del Sacro Imperio romano.

Jacques d'Arc era un agricultor y un pilar de la comunidad en el pequeño pueblo. Tenía algunos deberes oficiales en el pueblo que ayudaron a complementar sus ingresos en su pequeña granja. Su esposa, Isabelle, era ama de casa, como era típico de las mujeres campesinas en este período, pero mostró una cantidad inusual de devoción, como lo demuestra su apodo de Romée, un título que indicaba que había emprendido una peregrinación a Roma en algún momento antes de casarse, probablemente en su adolescencia. Dio a luz a su hija el 6 de enero de 1412. La niña se llamaba Juana de Arco.

Como la mayoría de los niños campesinos, Juana no asistió a la escuela: la educación era un privilegio reservado para los ricos y los de bien nacidos. En cambio, pasó su tiempo ayudando a su madre en la casa, aprendiendo los deberes de la mujer campesina medieval: cocinar, limpiar, cuidar animales y jardinería. Sin embargo, un lugar donde ella fue a aprender fue la iglesia. Europa en ese momento era un continente profundamente católico, considerando que la Iglesia católica romana era la única que existía en esa área, por lo que la pequeña Juana asistía a misa regularmente, asistida por su madre profundamente devota. Aquí, ella aprendió todo sobre los santos y, lo más importante, sobre Dios.

Toda la información que Juana recibió sobre Dios le fue dada a través de un sacerdote. A diferencia de los cristianos actuales, Juana no aprendió sobre solamente leyendo la Biblia. Aunque la Biblia se había traducido completamente al francés por primera vez en 1377, esto no benefició mucho a la joven Juana: como la mayoría de los campesinos, ella no podía leer ni escribir. Pero podía escuchar. Y escuchando lo logró, con gran atención al lado de su madre en misa, mientras le contaban sobre el Dios que había creado el mundo y lo había puesto en movimiento. Le contaron acerca de Jesús, la encarnación humana de Dios, y su muerte en la cruz para liberar a todos los pecadores. Y la pequeña Juana se cautivó de inmediato. Siguiendo el ejemplo obediente de su madre, puso su corazón y su alma al servicio de Dios, aprendiendo sus oraciones y siguiendo los mandamientos que le habían enseñado.

Quizás, incluso cuando era una niña pequeña, Juana sabía lo inferior que era. Era solo una pequeña niña campesina, posiblemente la persona menos influyente en toda Francia. Pero tenía valentía y una fe que se negaba a ser acallada.

\* \* \* \*

Juana tenía ocho años cuando finalmente cayó Francia. Enrique V, en su búsqueda para obtener el trono, se dirigió a Troyes, y fue aquí donde se firmó el próximo tratado de la Guerra de los Cien Años. El rey Carlos VI todavía estaba sumido en su locura, perdido en un mundo extraño y paranoico donde cualquier cosa podía pasar, y su hijo, el Delfín, era una figura impopular entre los franceses, con rumores de que había ordenado el asesinato del duque de Borgoña y, por lo tanto, colocó a Francia en la posición en que se encontraba en ese momento. La reina Isabel de Francia, la esposa de Carlos VI, decidió que había que actuar. Ella misma no era la favorita de los franceses. Durante mucho tiempo habían creído que había tenido una aventura amorosa con el hermano de Carlos VI, posiblemente resultando en el nacimiento del Delfín. Ahora, sin embargo, decidió que había terminado de ser la reina de un país asediado. Ella acordó firmar un tratado con Enrique que declararía ilegítimo al Delfín y le daría a Enrique la mano de su hija, la princesa Catalina, en matrimonio. El Tratado de Troyes fue menos un tratado y más una rendición francesa. Al firmarlo, Enrique estaba recibiendo no solo una princesa para casarse, sino también la sucesión al trono francés. Carlos VI reinaría hasta su muerte, pero si Enrique y Catalina tenían hijos, heredarían el trono de Francia. Francia estaba a una generación de estar bajo control inglés.

La primera parte de la profecía se había hecho realidad. Isabel había firmado la primogenitura del Delfín, perdiendo al país francés ante los ingleses. Lo había perdido una mujer. Pero sería salvado por una virgen.

# Capítulo 3 - La Primera Visión

En 1425, Francia tenía dos reyes.

El rey Carlos VI, el desafortunado rey demente, había muerto el 21 de octubre de 1422. No mucho antes, su archienemigo, el rey Enrique V, también había fallecido. Inmediatamente, los ingleses se apresuraron a coronar al pequeño hijo del rey Enrique V: un simple bebé que se convirtió en el rey Enrique VI. Pero el Delfín Carlos, que controlaba solo unos pocos territorios alrededor de Bourges, también reclamó el trono a pesar del tratado que lo había declarado ilegítimo. Carlos había crecido creyendo que algún día sería rey y tener su derecho arrebatado tan cruelmente por un simple bebé era más de lo que podía soportar. Si bien aún no estaba coronado oficialmente, determinó que era el rey legítimo y comenzó a reforzar las provincias centrales de Francia que aún controlaba. Un niño inglés puede haber sido el rey oficial de Francia, pero la guerra continuó. Dirigido por el conde de Salisbury, el ejército inglés estaba decidido a arrebatar el último territorio de Carlos de su desesperado control. Derrotaron a una enorme fuerza francesa en la batalla de Verneuil en 1424, una lucha que se hizo misteriosamente eco de la batalla de Agincourt. Ciudad tras ciudad cayó, y Carlos fue burlonamente conocido como el "rey de Bourges" ya que eso era todo lo que tenía bajo su control.

Francia estaba prácticamente perdida. Sin embargo, la inocente pequeña Juana de Arco estaba a punto de experimentar el primer evento que tarde o temprano la vería transformada en la heroína de Francia.

\* \* \* \*

Fue en 1425 cuando Juana experimentó por primera vez lo que realmente significaba la guerra. Una niña de trece años en ese momento estaba en el umbral de la edad adulta, sin embargo, la mayor parte de su tiempo estaba ocupada con tareas domésticas ordinarias y actos simples de devoción cotidiana que no parecían ser otra cosa que lo cotidiano. El territorio que rodeaba a Domrémy había sido capturado por el ejército inglés, que había sido descuidado para pasar a batallas más importantes; la misma Juana había visto muy poco de la batalla. Los ingresos de su padre eran estables y, hasta lo que Juana sabía, la aldea bien podría haber estado viviendo un momento de paz.

Pero no prevaleció. Enrique de Orly, un despiadado mercenario, tenía un castillo cerca. En estas últimas décadas de la guerra, ni los ingleses ni los franceses fueron realmente capaces de pagarles a sus soldados; en cambio, la mayoría de los soldados recurrieron al saqueo del campo circundante para obtener una recompensa por sus servicios. Enrique fue el peor de ellos. Leal a nadie excepto a sí mismo, aprovechó un país desgarrado por la guerra para vivir una existencia descuidada como un saqueador libre. Se alió con quien fuera más ventajoso para él en ese momento y estaba mayormente ocupado en obtener el botín para sí mismo. Y un día, decidió que su próximo botín vendría de Domrémy. Acompañado por su salvaje grupo de mercenarios, descendió sobre el pequeño pueblo, sembrando el terror en las calles. Los aldeanos en pánico apenas sabían a dónde huir; esperaban que quemara las casas, pero quedarse afuera significaba que serían despedazados con una espada. Había un castillo cercano donde podían buscar refugio, pero Enrique llegó demasiado rápido. La pequeña y pacífica aldea de

Juana se llenó repentinamente de hordas de aullidos y carcajadas de hombres descuidados y obscenos, los cascos de sus caballos resonaban en la calle, sus espadas y armaduras brillaban al sol. La gente en pánico corría en todas las direcciones. Pero Enrique no buscaba la vida de los campesinos. Iba tras su ganado. Recogiendo hasta lo último del ganado en la aldea, se dirigió de regreso a su castillo con todos ellos, dejando vivos a los campesinos, pero despojados de sus medios de mantenerse a sí mismos y a sus familias.

Los aldeanos apelaron al conde de Vaudemont, quien rápidamente derrotó a Enrique y devolvió el ganado a sus legítimos dueños. Se evitó el daño real, pero el daño se hizo a la psique de los campesinos asustados. Aunque Vaudemont servía a los ingleses, los campesinos decidieron que la guerra era directamente responsable de la tragedia que habían sufrido. Se llegó a un consenso común entre ellos de que no habría paz y tranquilidad hasta que los ingleses fueran expulsados de Francia de una vez por todas.

Es probable que la profecía se mencionara una y otra vez en el pueblo en este momento, y que muchos de los aldeanos habían colocado sus esperanzas en una heroína montada en un semental blanco. En cuanto a Juana, tal vez esperaba lo mismo. De cualquier manera, con el ganado traído de vuelta, ella regresó a su vida cotidiana de realizar sus deberes.

Una de estas tareas era cuidar el jardín de su padre. Era una franja de tierra entre la casa de Juana y la iglesia donde ella siempre asistía a misa, y como uno de los mayores en la casa, se esperaba que Juana la atendiera bien. Un sofocante día de verano, Juana estaba trabajando duro en el jardín. El sol brillaba alto en el cielo, y el sudor goteaba por su joven frente mientras se inclinaba sobre la vasta tierra. Un destello de luz junto a la iglesia llamó su atención. Hizo una pausa y se frotó los ojos, que le ardían por el sudor. ¿Fue solo el reflejo de la luz solar lo que causó la repentina explosión de resplandor? Sin embargo, algo dentro de ella la llevó a mirar de nuevo, algo extrañamente emocionante que la asustó un poco. Ella tragó saliva, mirando a su izquierda, y fue entonces cuando lo vio. Una luz cegadora llenó el jardín, un resplandor deslumbrante que nunca había visto antes. Envuelta en los rayos de luz, vio a un ángel, una figura imponente, reluciente con una armadura de bronce, con alas extendidas que se alzaban sobre sus hombros. Era tan aterrador como hermoso, y Juana habría huido si hubiera creído que podía hacerlo. En cambio, arraigada en su lugar, ella solo lo miró mientras sus alas se abrían de par en par, llenando su mundo.

Ella no tuvo que preguntarle al ángel quién era. Era tan grande, tan brillante y poderoso que solo pudo haber sido Miguel, el arcángel. Se ergio sobre ella con deslumbrante esplendor, y ella solo podía mirar. Pronto, dos figuras más aparecieron a su lado, ambas hermosas mujeres jóvenes, y Juana las reconoció de inmediato. La primera fue Santa Catalina de Alejandría, una princesa valiente que había desafiado al emperador romano Majencio cuando comenzó a perseguir a los cristianos; Majencio había intentado todo para obligarla a renunciar a su fe, desde amenazarla de pena de muerte hasta ofrecerle casarse con ella, pero nada había funcionado. Catalina había sido decapitada como una simple adolescente, muriendo como una virgen desafiante, una mujer joven que se negó a permitir que su fe se rompiera.

La otra era Santa Margarita de Antioquía. Al igual que Catalina, Margarita era una mártir adolescente, hija de un sacerdote pagano que rápidamente la repudió cuando se convirtió en cristiana. Un gobernador romano intentó casarse con ella, pero ella también se aferró a su fe y virginidad. Fue torturada y asesinada a una edad temprana.

Si bien es incierto dónde Juana podría haber aprendido sobre estas dos mujeres jóvenes, su aparición en su primera visión fue algo inquietantemente profético. Ella no sabía cuán similar era el camino que debía seguir algún día. Era solo una niña de trece años que miraba los rostros de los santos y los ángeles en silencio. Los santos estaban lejos de las adolescentes andrajosas que habían sido asesinadas por su fe; ahora, llevaban espléndidas coronas doradas, adornadas con joyas, y sus rostros estaban radiantes a la vista.

Aterrorizada, Juana cayó de rodillas. Los santos se apresuraron a asegurarle que Dios les había enviado. Continuaron diciéndole que Dios había puesto un alto llamado en su vida, le había otorgado un excepcional deber que cumplir, no ahora sino pronto. Quería que ella expulsara a los ingleses de Francia. Y él quería que ella llevara al Delfín a Reims y lo coronara rey.

Entonces los santos se fueron. Juana se percató de que estaba sentada inmóvil en el jardín, con lágrimas cayendo por sus mejillas. No lloró con miedo, sino con una especie de asombro a los santos que acababa de contemplar y el peso de sus palabras para ella. No sabía por qué acudirían a ella, a la pequeña Juana de Arco, una campesina analfabeta que vivía en las afueras de Francia, pero de una cosa estaba segura: lo que Dios le indicó que hiciera, ella lo haría.

# Capítulo 4 - La Duda de Baudricourt

Durante los siguientes tres años, los santos continuaron visitando a Juana mientras crecía en la casa de su padre. Casi todos los días, la luz divina llenaría la visión de Juana, y escucharía sus voces diciéndole nuevamente que necesitaba coronar al Delfín, que iba a liderar el ejército que finalmente le daría a Francia la victoria sobre los ingleses. Todos los días, ella se acostumbró cada vez más a los santos e incluso comenzó a conversar con ellos. Sin embargo, durante tres años, Juana permaneció en la casa de su padre y no se lo dijo a nadie.

Como ahora estaba llegando a la mitad de su adolescencia, Juana habría sido considerada en edad para casarse. Su padre, Jacques, probablemente ya estaba buscando un pretendiente que pudiera darle a Juana una existencia estable y cómoda. Pero el propio Jacques estaba a punto de tener un sueño, uno que aterrorizaría el corazón de cualquier padre.

Una noche, antes de que Juana comenzara a considerar abandonar la casa, Jacques tuvo un sueño. En él, vio a su gentil y encantadora hija montada en un caballo y saliendo de su aldea con un grupo de hombres de aspecto rudo: sabía que debían ser soldados. Jacques despertó con el ceño sudoroso y un corazón palpitante. No podía ser. Seguramente no su Juana, su dulce y devota niña. En ese momento, la profecía era lo más alejado de la mente de Jacques; Juana era solo una joven campesina, no salvadora de la nación. En cambio, Jacques asumió que lo que había visto en su sueño era Juana uniéndose al ejército como prostituta. El sueño fue lo suficientemente inquietante como para que él les dijera a sus hijos que, si alguna vez se hacía realidad, ellos debían ahogar a Juana en lugar de dejarla venderse de esa manera.

El sueño de Jacques pronto se haría realidad, pero no en la forma en que pensaba. Juana se iba a ir. Y ella se iba a ir en una búsqueda de pureza y poder.

\* \* \* \*

En toda Francia, las cosas nunca habían parecido más desoladoras para el desheredado Delfín. En agosto de 1428, los ingleses, liderados principalmente por el conde de Salisbury, habían desembarcado en Calais. Junto a los aliados de Bedford, el ejército inglés había aumentado a una fuerza de diez mil hombres. Sus intenciones eran claras: iban a expulsar a cualquiera que se atreviera a oponerse al joven rey Enrique VI, reclamar los territorios a los que Carlos todavía se aferraba y convertir a Francia en una colonia inglesa de una vez por todas.

En pocas semanas, varias ciudades francesas habían caído ante la horda inglesa. Chartres, Janville, Meung, Beaugency, Jargeau, no tenían ninguna posibilidad. Uno por uno, todas cayeron a los pies del conde, y él fijó su vista en Orleans.

Nunca podría haber adivinado cómo terminaría el asedio de esa ciudad.

\* \* \* \*

En mayo de 1428, cuando la campiña francesa florecía con los vivos colores de la primavera, las voces de Juana comenzaron a hablarle con mayor intensidad. Llevaban mucho tiempo insistiéndole que era hora de ir a conocer al Delfín, y Juana, al ver lo absurda que era la idea, había estado dudando. Pero las voces insistieron, diciendo que era la voluntad de Dios que ella necesitaba ir a salvar a su nación. La instaron a que el Señor la hubiera elegido por una razón. Si algún duque o noble iba a cabalgar y reclamar Francia, entonces sería evidente que la lucha había sido ganada por un hombre, pero si una simple campesina como Juana lo lograba, la gloria solo podría ser para Dios. Tenía sentido, y Juana finalmente se percató de que ya no podía resistir las voces.

Sabía que el cuartel más cercano que permaneció leal a Carlos estaba en Vaucouleurs, una ciudad a unos diecinueve kilómetros de Domrémy. Una vez que accedió a su misión, las voces le indicaron que debía acudir allí y apelar a Roberto de Baudricourt, el capitán del cuartel, para una audiencia con el Delfín y un pasaje seguro a Chinon, donde estaba establecido en ese momento. El primo hermano de Juana, Durand Laxart, residía a unos pocos kilómetros de Vaucouleurs. Al decirle a sus padres que quería ir a visitarlo, Juana logró convencer a Durand de que fuera a buscarla a Domrémy para una visita con él y su esposa, su prima Jeanne Laxart.

Durante el viaje, Durand pudo sentir que había algo diferente en la joven Juana. Algo había cambiado en el azul brillante de sus ojos; había una presencia en ella, un resplandor que no podía distinguir. Sin embargo, no preguntó, concentrándose en el camino mientras su caballo los llevaba rápidamente hacia su casa. Finalmente, no está claro si esto sucedió durante el viaje o en la casa de Durand, Juana se sinceró y habló de sus visiones por primera vez. Reuniendo su valor, le dijo a Durand que necesitaba ir "a Francia" (refiriéndose al centro de Francia, el área aún gobernada por el Delfín).

"¿Por qué?", preguntó su primo hermano, sabiendo que el centro de Francia era una zona de guerra.

"Necesito coronar al Delfín en Reims", respondió Juana con calma.

Durand la miró, preguntándose si sabía lo ridículas que eran sus palabras. Pero esos ojos azules permanecieron tan serenos como piscinas de agua profunda mientras lo estudiaba, su voz firme y segura. "¿No se ha dicho", agregó, "que Francia sería arruinada por una mujer y luego restaurada por una virgen?"

Durand no sabía qué decir. Sabía tan bien como cualquier francés que Isabel había renunciado por escrito a su propio país, y había escuchado la profecía una y otra vez. Sin embargo, nunca había imaginado que esta salvadora virgen podría venir de un lugar como Domrémy, que podría ser una joven campesina, quien podría ser, su propia prima Juana de Arco.

Ella continuó diciéndole que tenía que llegar a Vaucouleurs y a Roberto de Baudricourt. Y tal vez fue el fuego en sus ojos o tal vez la desesperación en el corazón de Durand, pero decidió creerle. Él prometió que la llevaría a Vaucouleurs y le llevaría a esa audiencia con el capitán, sin importar lo insensato que lo hiciera parecer.

\* \* \* \*

Roberto de Baudricourt era capitán del cuartel de Vaucouleurs. Vaucouleurs, un pueblo pequeño, era tan familiar para el capitán de veintiocho años que conocía casi todas las caras que vivían ahí. Ciertamente reconoció a Durand Laxart, pero en cuanto a la chica que lo seguía, ella era una extraña para él. Había algo etéreo en ella mientras se acercaba. Llevaba un vestido rojo desgarrado y andrajoso, algo descolorido que se había reparado varias veces; su cuerpo era delgado, sus rasgos demacrados, pero esos ojos. Eran de un tono azul casi indefinible, y la luz dentro de ellos hizo que Roberto mirara por unos momentos mientras Durand pasaba. Cuando los ojos de la joven se posaron en él, se detuvo, su rostro se iluminó en reconocimiento a pesar de que Roberto sabía que nunca la había visto antes. Tomó el brazo de Durand y señaló, y se dirigieron hacia Roberto.

Durand presentó a Juana como su prima que se había quedado con él durante un tiempo. Desconcertado, Roberto le preguntó qué quería, esperando que tuviera alguna insignificante petición que le fuese fácil rechazar. En cambio, la joven habló con una claridad y una fuerza que él no había esperado.

"He venido a usted por parte de mi Señor", afirmó, "para que pueda enviarle un mensaje al Delfín, para que se aferre y no cese la guerra contra sus enemigos".

Roberto parpadeó. Era solo un noble menor, uno que probablemente nunca había intercambiado una sola palabra con el Delfín, y mucho menos le había indicado qué hacer. Antes de que él pudiera exigir quién pensaba Juana que era ella, o quién creía que era él para tener ese tipo de autoridad, continuó. "Antes de mediados de la Cuaresma, el Señor le enviará ayuda", le dijo. "En verdad, el reino no pertenece al Delfín, sino a mi Señor".

Enfurecido, Roberto la fulminó con la mirada. Era uno de los últimos leales al Delfín que quedaban en una de las últimas ciudades de la zona que aún se atrevería a expresar su alianza con él en lugar de someterse a los anglo-borgoñones. Estaba a punto de reprenderla por suponer que nadie más que el Delfín Carlos podría ser coronado rey cuando ella interrumpió. "Pero mi Señor quiere que el Delfín sea coronado rey y tenga el reino bajo [su] mando. A pesar de sus enemigos, el Delfín se convertirá en rey". Ella levantó la barbilla, con su mirada repleta de orgullo, pero tan segura como el acero. "Y soy yo quien lo conducirá a la coronación".

Roberto hizo todo lo posible para no estallar en carcajadas. Esta chica campesina humilde parecía creer realmente que iba a coronar al Delfín, a pesar del hecho de que nunca hubiera podido ni contemplar su rostro con su bajo estatus. "¿Y quién es este Señor suyo?", preguntó.

"Dios", respondió Juana simplemente.

Roberto sacudió la cabeza con un resoplido burlón. Dirigiéndose a Durand, dijo: "Lleve a esta chica de regreso a su padre y repréndala". Luego los despidió con un movimiento de su mano.

\* \* \* \*

Juana quedó inmediatamente consternada por la reacción de Roberto a su petición. Decepcionada, le pidió a Durand que la llevara de regreso a casa con su padre. Con el corazón roto por la infelicidad de su prima, asombrado por su capacidad de reconocer de alguna manera a Roberto a pesar de que nunca lo había visto antes, y molesto por la reacción de Roberto, Durand la llevó de regreso a casa a Domrémy.

Esa podría haber sido la última vez que alguien haya oído hablar de Juana de Arco. Pero las cosas iban a empeorar en la guerra y en la vida cotidiana en Domrémy, un giro que inspiraría a Juana a volver a Vaucouleurs. Y esta vez, ella tendría ayuda.

# Capítulo 5 - Una Predicción de Derrota

*Ilustración II: Orleans del siglo XV*

Después de conquistar a Meung el 8 de septiembre de 1428, el conde de Salisbury sabía que estaba listo para aprovechar su ventaja. Había un último obstáculo importante entre él y el centro de Francia que estaba controlado por el Delfín. Ese obstáculo era el río Loira, y estaba custodiado por la ciudad de Orleans. También en ese momento, la capital del ducado de Orleans tenía una importancia política y estratégica. Derribarlo sería derrumbar el último muro que se interponía entre los ingleses y el corazón de Francia, y si Orleans caía, el reclamo del Delfín al trono estaría perdido.

La ciudad misma se construyó en la costa norte del Loira, y la única forma de acceder a ella era a través de un puente custodiado por una caseta de vigilancia llamada Les Tourelles. Fue en el Tourelles donde el conde de Salisbury lanzó su primer ataque el 12 de octubre de 1428. El asedio de Orleans había comenzado. Y si esa ciudad cayera, Francia estaría condenada.

\* \* \* \*

Justo antes de que comenzara el asedio, Juana había comenzado a sentir los efectos de la guerra una vez más.

Unas semanas después de su regreso a Domrémy, los ingleses y los borgoñones decidieron que los Vaucouleurs, en su insignificante desafío, eran una espina en el costado que ya no tolerarían. Puede haber sido un pueblo pequeño, pero era leal al Delfín, y era hora de vencer a sus habitantes y a los aldeanos de los alrededores. La primera advertencia que tuvo Juana fue el sonido ensordecedor de la campana de la iglesia al lado de su casa. Su sonido, normalmente tan melodioso, ahora era un sonido cacofónico cuando el campanero tiró de la cuerda desesperadamente, haciendo sonar una fuerte advertencia por las calles de Domrémy. La familia de Arco no tuvo más remedio que huir. Llevando a Juana con ellos, tuvieron que conducir su ganado a través del territorio abierto hasta el fortificado Neufchâteau, donde se vieron obligados a buscar refugio en una posada.

Cuando el ejército se fue, Juana y su familia regresaron a una Domrémy en ruinas. Los campos y las casas fueron dañados por el fuego y destrucción sin sentido. A los ingleses no les había importado lo pacíficos que eran los campesinos de Domrémy; pertenecían a los franceses y, por lo tanto, eran enemigos, por muy poco involucrados que estuvieran realmente en la guerra. Lo peor de todo, habían quemado la iglesia. La vista rompió el corazón de Juana. Sus santos nunca habían dejado de instarla a regresar a Vaucouleurs y encontrar su camino hacia el Delfín, y tan pronto como terminó la lucha en las inmediaciones, eso fue exactamente lo que hizo.

\* \* \* \*

Había algo definitivo en la segunda partida de Juana del pueblo donde había crecido. Su corazón se desgarró por dejar a sus padres y aún más por la mentira que les dijo: que ella se iría para actuar como enfermera y ayudante para Jeanne Laxart, que esperaba un bebé. En verdad, parte del alma de Juana sabía que nunca volvería a ver a la idílica Domrémy. La vio desvanecerse en la distancia, su pequeña iglesia pintoresca, sus campos nevados, su hermoso bosque, el jardín donde había escuchado las voces por primera vez, y sabía en su corazón que nunca volvería.

Era enero de 1429. El asedio de Orleans había estado enfurecido durante tres meses, y todavía no existía un final a la vista. Los refuerzos franceses habían podido atravesar las líneas inglesas, permitiendo que la ciudad resistiera mucho más de lo esperado. La muerte del conde de Salisbury había sido un revés para Inglaterra, pero fue reemplazado por el conde de Suffolk, y el asedio continuó sin inmutarse. Durante meses, pequeñas escaramuzas habían brotado por todas partes en toda la ciudad, pero en general había llegado a un estancamiento, con los franceses obstinadamente arraigados dentro de las murallas y los ingleses firmemente establecidos fuera de ellas. Todo el centro de Francia residía en un limbo incierto, con el poderío de los ingleses acampando a solo 120 kilómetros de la capital administrativa de Bourges.

Juana desconocía los detalles. Los rumores entre los campesinos probablemente le habrían indicado que se había puesto un asedio a Orleans, pero aparte de esto, nadie le habría dado mucha información a una joven campesina ignorante. Sabía que las voces la instaban cada vez más intensamente a volver a Vaucouleurs, y eso era suficiente para ella.

Al llegar a Vaucouleurs, Juana se alojó con la familia Leroyer, donde trabajó como sirvienta de Henri y Catherine Leroyer. Fue aquí donde realmente llamó la atención de Jean de Metz. Jean, uno de los escuderos de Roberto, había estado presente durante su primer encuentro con Roberto, y algo sobre la brillante presencia de la joven lo inspiró. Cuando la vio dirigiéndose hacia el cuartel una vez más, supo que tenía que hablar con ella.

Al acercarse, esperaba que ella lo reconociera desde su primer encuentro con Baudricourt. "¿Qué hace aquí, mi amiga?", preguntó. Repentinamente nervioso ante sus inocentes ojos azules, Jean buscó a tientas, tratando de hablar un poco. La guerra fue lo primero que le vino a la mente; había estado sucediendo durante tantas décadas que hablar sobre la guerra era como hablar sobre el clima. "¿Debe el rey ser expulsado del reino?", dijo conversacionalmente. "¿Y debemos ser ingleses?"

Juana lo analizó por unos segundos. Sus ojos estaban completamente serenos mientras hablaba. "He venido a esta ciudad real para hablar con Roberto de Baudricourt", dijo.

Jean no estaba sorprendido. Él sabía, a pesar de la derrota en sus ojos la última vez que se encontró con su líder, que Juana no se rendiría tan fácilmente. Ella continuó explicando nuevamente que necesitaba que Roberto la llevara al rey, pero que él no se había tomado en serio sus palabras. "Sin embargo, antes de la mitad de la Cuaresma, debo estar con el Rey", dijo. "No hay que esperar socorro salvo de mí".

La tranquila confianza en sus palabras tomó a Jean por sorpresa. Él la analizó, preguntándose cómo esa joven campesina desgastada por el trabajo podría haber llegado a esta conclusión. Agregó que preferiría haberse quedado en casa, hilando lana con su madre, pero que tenía que ir al rey "porque mi Señor quiere que así lo haga".

La forma en que pronunció el nombre del Señor resonó con autoridad. Al mirar su porte, la completa falta de arrogancia en la forma en que se sostenía, y en la absoluta convicción en su tono, Jean supo que estaba diciendo la verdad. De alguna manera, Dios había elegido a esta chica, este pedazo de nada frente a una sociedad altiva, para salvar a la nación de Francia del merodeador inglés. Él extendió la mano, tomando su pequeña mano entre las suyas. Estaba áspera y rígida por el trabajo manual. "Con la guía de Dios, lo prometo, te llevaré al Rey", afirmó.

\* \* \* \*

Jean y otro caballero y simpatizante de Juana, Bertrand de Poulengy, lograron asegurar otra audiencia con Roberto. Aunque Roberto estaba dudoso, no podía olvidar la luz en los ojos de la joven con sus insensatas afirmaciones que lo habían visitado la primavera pasada. Ahora ella había regresado, en la frescura del 12 de febrero de 1429, y Roberto se estaba desesperando. Vaucouleurs había sufrido durante la guerra, Orleans estaba asediada y Francia estaba casi perdida. No podía hacer daño escuchar a esta pequeña lunática.

Al encontrarse con Roberto, Juana le dijo, nuevamente, lo que quería de él: que la llevaran a salvo a través del territorio enemigo para encontrarse con el Delfín. Luego agregó que las fuerzas del Delfín estaban a punto de sufrir una terrible derrota.

*Mientras Juana hablaba con Roberto, a cientos de millas de distancia, en una gran llanura cerca de Rouvray, se escuchó el estallido de la pólvora y el sonido de las balas de cañón que se lanzaron por el aire. 1.600 ingleses se zambulleron para cubrirse mientras las balas de cañón golpeaban su vagón. Había sido arrastrado a una improvisada formación defensiva, con puntas afiladas hundidas en la tierra alrededor del vagón en un intento por detener a los franceses, pero los ingleses sabían que había dos veces más hombres en el ejército franco-escocés atacante como en este tren de equipaje. Los vagones se separaron, los suministros cayeron al suelo: barriles de arenque, pilas de artillería. La esperanza saltó a los corazones del ejército francés. Si pudieran evitar que este tren de equipaje llegara a Orleans, el asedio podría haber terminado.*

"¿Qué?" Roberto miró a la chica. "¿Qué quieres decir?"

"Los armamentos del Delfín han sufrido hoy un gran revés cerca de Orleans", repitió Juana.

Era una locura, pensó Roberto. Sin embargo, la tranquila convicción en sus ojos lo paralizó hasta la médula.

*Hubo un grito de consternación de los franceses. La parte escocesa de su ejército estaba atacando, sobreexcitada por el daño que los cañones habían infligido a los ingleses. Los franceses tuvieron que cesar el fuego, y los ingleses se levantaron, disparando con ballestas y arcos largos detrás de sus vagones. Las filas escocesas se derrumbaron, los hombres murieron en todas las direcciones. Los franceses se vieron obligados a dirigir una carga de caballería que sabían que sería ineficaz contra los arqueros ingleses. Tenían razón. En minutos, los ingleses lideraron un contraataque, y los franceses y escoceses fueron derrotados ignominiosamente.*

"Largo de aquí", le ordenó Roberto a Juana. "Vete".

\* \* \* \*

Unos días después, la noticia llegó a Vaucouleurs. El ejército franco-escocés había intentado impedir que un tren de equipaje llegara a Orleans y fracasó atrozmente, perdiendo aproximadamente seiscientos hombres, mientras que los ingleses perdieron solo cuatro. Fue una derrota humillante, desde entonces conocida como la Batalla de los Arenques.

Cuando Roberto escuchó la noticia y escuchó que la pelea había tenido lugar el mismo día de su reunión con Juana, supo que su predicción había sido cierta. Y si eso era cierto, tal vez también era cierto que ella era la salvadora de Francia.

La llamó a su cuartel y le indicó que la enviaría a Chinon con Jean y Bertrand. Sus palabras eran las de un hombre desesperado, todavía dudoso, pero incapaz de encontrar otro rastro de esperanza al cual aferrarse. "Ve", le dijo. "Y que pase lo que tenga que pasar".

# Capítulo 6 - Una Audiencia Con El Rey

El camino a Chinon estaba repleto de peligros. La corte de Carlos estaba a casi 500 kilómetros de Vaucouleurs, una distancia que tomaría por lo menos una semana de dura cabalgata, pero esa era la menor de las preocupaciones de Jean y Bertrand al considerar la mejor forma de escoltar a su joven e inocente cargo a la corte del Delfín. La verdad era que Vaucouleurs y sus aldeas circundantes eran algunos de los territorios más aislados que quedaban bajo el control francés. Para llegar a Chinon, tendrían que cruzar una vasta extensión de territorio enemigo, traspasando efectivamente las tierras del infante rey inglés. De alguna manera tenían que llegar a Chinon sin atraer la atención del enemigo, lo que habría sido lo suficientemente difícil para un grupo de hombres, y mucho menos para unos pocos caballeros que custodiaban a una joven vulnerable que no tenía experiencia en la guerra y, al parecer, poca comprensión del peligro.

Junto con el pueblo de Vaucouleurs, que había notado las repetidas visitas de Juana a Roberto y se había enterado por los rumores de su cruzada, Jean y Bertrand decidieron que la forma más segura de llevar a Juana a Chinon sería disfrazarla como hombre. Juana estuvo de acuerdo de buena manera con la idea, a pesar del hecho de que el travestismo era ampliamente considerado como un crimen atroz en esa época; sin embargo, Juana y todas las personas con las que habló pensaron que era una precaución normal y necesaria contra el ataque de aquellos que querrían llevársela y salirse con la suya. Por suerte para Juana, se había convertido en una sensación en Vaucouleurs. Conocida durante mucho tiempo como una chica virtuosa y amable, aunque un poco peculiar, se había convertido repentinamente en la esperanza de los desesperados. El mero hecho de que Roberto estuviera dispuesto a enviarla a Chinon le otorgó credibilidad ante los ojos de la gente. Creían que ella los salvaría y al resto de su nación de los ingleses, y harían cualquier cosa por ella. Prepararle algo de ropa adecuada para el viaje era lo menos que podían hacer.

Mientras esto sucedía, Jean se alejó y compró un caballo. La gente de Vaucouleurs le regaló a Juana una espada y también la ropa, estaba correctamente disfrazada de caballero cuando partió con su reducido séquito: Jean, Bertrand y otros dos hombres armados. Bertrand pagó el viaje. Salieron de Vaucouleurs el 23 de febrero de 1429, comenzando su peligroso viaje a través de un área que estaba controlada por los borgoñones en ese momento.

Durante diez días, Juana y sus compañeros cabalgaban de noche y dormían de día, usando pequeñas veredas y caminos olvidados para evitar ser detectados por sus enemigos. Debe haber sido una experiencia inusual y nueva para la joven inocente Juana, montando un caballo fuerte y animado entre un grupo de soldados rudos. Es poco probable que haya montado mucho considerando el bajo estatus de su familia; ella nunca hubiera usado nada como las calzas (pantalones ajustados) en las que se encontraba ahora. Todo habría sido nuevo e incómodo para ella, y estaba viajando más en un día que nunca en toda su vida. Sin embargo, sus dos guardianes testificarían más tarde que ella seguía siendo dulce y gentil. Ni una sola maldición pasó por sus labios, ni se condujo con otra cosa que no fuera la confianza tranquila. Incluso los guerreros experimentados temían por sus vidas mientras atravesaban el peligroso paisaje, pero Juana no mostró miedo. Ella les dijo que era la voluntad de Dios que ellos llegaran a Chinon, y llegarían a Chinon.

Juana también debía gran parte de su seguridad a los dos caballeros que tan fervientemente creían en ella. Nunca se apartaron de su lado. Por la noche, ella dormía a salvo entre los dos, que preferirían haberse cortado la cabeza que poner un dedo sobre la joven doncella que yacía tan cerca.

Lo único que realmente molestó a Juana durante el viaje fue que deseaba ir a misa. Como las iglesias estaban ocupadas por los ingleses y existía algún riesgo de que los caballeros franceses hubieran sido identificados, esto era imposible.

Finalmente, el 6 de marzo de 1429, llegaron por fin a Chinon, completamente ilesos. El peligroso viaje había terminado. Pero ahora, Juana no tenía que hacer más que convencer a un humilde capitán de la guardia para que le permitiera pasar a Chinon. Tenía que conseguir una audiencia con el mismo Delfín.

\* \* \* \*

El Delfín Carlos era un hombre desesperado. A pesar de tener solo veintiséis años, le habían quitado todo. Habiendo crecido en una casa con un padre con enfermedades mentales cuyos disturbios eran, por turnos, humillantes y peligrosos, la gran esperanza de Carlos había sido saber que algún día sería rey, un rey mejor que su demente predecesor.

Luego vino el terrible golpe que le dio su propia madre, Isabela. Apoyando los rumores que decían que Carlos era un producto ilegítimo de una aventura entre Isabela y su tío Luis, ella le cedió el derecho de nacimiento de su propio hijo a su mayor enemigo. La amargura era terrible, y Carlos sabía que, a pesar del hecho de que se veía a sí mismo como el legítimo rey de Francia, tenía pocas esperanzas de reclamar su trono. Los ingleses estaban en su umbral. No pasaría mucho tiempo antes de que su ejército cayera y su país perteneciera a un bebé inglés.

De hecho, Carlos había perdido toda esperanza. Permaneció en Chinon, observando el progreso de la guerra con una sensación anestesiada de inevitable derrota. Estaba condenado. Siempre lo había estado.

Se encontraba en este estado cuando uno de sus cortesanos vino a informarle que una joven desconocida acababa de llegar a Chinon; una simple campesina, vestida de joven, con una espada y montando a caballo. Su nombre, le dijo el cortesano, era Juana de Arco. Ella dijo que iba a salvar a la nación de Francia. Ella afirmó que Dios la había enviado.

Al principio, Carlos quería reír. Pero de alguna manera, la idea despertó un destello de interés en él. No le quedaba nada que perder: le habían quitado todo. Escuchar a esta chica era una medida desesperada, pero él era un hombre desesperado. Sin embargo, ella tendría que demostrar que realmente tenía ayuda divina. Decidió que iba a vestirse como un cortesano ordinario y que luego llevaría a Juana a una habitación repleta de hombres vestidos de manera similar. Si ella pudiera identificarlo, él le otorgaría una audiencia personal. Esta era una época anterior a las fotografías; en Francia, en tiempos de guerra, una joven campesina que provenía de cientos de kilómetros de distancia no tendría idea de cómo era el Delfín.

Todo se hizo como Carlos ordenó. Todos los cortesanos se reunieron, un poco desconcertados al ver a su Delfín vestido como ellos, y a otro cortesano se le indicó que pretendiera ser el rey una vez que Juana había hecho su selección. Vagamente aburrido y apático, Carlos esperó la aparición de esta chica que afirmaba que los santos estaban hablando con ella.

Las puertas se abrieron y Juana apareció. Carlos fue impactado por ella de inmediato. Su cabello había sido cortado bruscamente, pero no había forma de ocultar su figura esbelta y sus ojos brillantes. Había algo en ella que atraía su atención, y todos los ojos estaban puestos en la joven mientras entraba en la habitación, sus ojos deambulando por las líneas de cortesanos. Parecía enfocada en su interior de alguna manera, como si escuchara algo que solo ella podía escuchar. Una leve sonrisa apareció en sus labios mientras miraba cara a cara. Cuando sus ojos enfocaron en Carlos, sucedió lo increíble. Sus ojos se agrandaron en reconocimiento, y se apresuró hacia él, con los ojos fijos en él por un momento impresionante. Luego cayó de rodillas y le rodeó las piernas con los brazos. Su agarre tenía la fuerza de una chica que había pasado toda su vida trabajando. "¡Dios le brinde una vida plena, dulce Rey!", exclamo.

Carlos estaba pasmado, pero logró mantener la calma. Alejándose de ella, la reprendió, diciéndole que no era un rey. Aunque estaba conmocionado, el cortesano que había sido designado para desempeñar el papel del Delfín dio un paso adelante y dijo que era el rey de Francia. Pero Juana no se dejaría engañar. Ella continuó manteniéndose cerca de Carlos, repitiendo una y otra vez que él era el rey, que sus voces le habían dicho eso.

Asombrado, Carlos hizo con gusto lo que había acordado hacer: le concedió una audiencia privada. Tal vez, solo tal vez, el Dios que sentía que lo había abandonado por toda su vida finalmente había decidido tener piedad, y si eligió hacerlo a través de esta joven campesina al azar, Carlos, aunque era de la realeza, no estaba en condiciones de discutir.

# Capítulo 7 - El Camino a Orleans

*Ilustración III: Juana con su armadura*
*y su famoso estandarte*

Los detalles de la audiencia privada de Carlos con Juana nunca han sido conocidos por nadie, excepto por Carlos y Juana. Algunas fuentes indican que Juana le contó sobre una oración privada, algo intensamente personal y un secreto que nunca había compartido con nadie. Según algunos, esta oración involucró el reclamo de Carlos al trono, pero en ella, el Delfín derrotado no le pidió al Señor que le otorgara al trono. En cambio, paralizado por inseguridad, Carlos le suplicó a Dios que le castigara en lugar de a todas las personas si realmente era un heredero ilegítimo. La pregunta lo había estado atormentando durante años. No tenía idea de si realmente era producto de una unión legal entre el rey y la reina; tal vez era ilegítimo después de todo, el resultado de una reina engañosa y un hermano deshonesto. Sin embargo, no podía decirle a su gente que incluso él dudaba de su propia legitimidad. Solo podía decirle esto a Dios, y lo hizo en una oración sincera, derramando su miedo y agonía en privado.

Excepto que Juana lo sabía. Ella le contó todo al respecto, y le aseguró que él era el rey legítimo, que después de todo, era la sangre de Carlos el Demente en sus venas, y que era la voluntad de Dios que él ascendiera al trono.

Sin embargo, todo esto es especulación. La misma Juana se mantuvo callada por el resto de su vida sobre esta reunión, negándose a revelar detalles confidenciales. Una cosa es indiscutible: Juana impresionó al Delfín que dejó pocas dudas en su mente de que Dios realmente la había enviado, y que ella realmente tenía el potencial de salvar a Francia de su enemigo abrumador.

Los asesores del Delfín no se convencieron tan fácilmente, a pesar del hecho de que después de su reunión con Juana, Carlos era un hombre diferente. Lo que ella le había dicho, lo dejó radiante, brillando con una nueva valentía y convicción que ellos sabían prometía ser beneficioso para las personas que estaban desesperadas por un líder valiente y motivado. Sin embargo, sabían que había que tener precaución. Si Juana resultara ser una bruja o una hereje, toda la cuestión de la legitimidad de Carlos se plantearía una vez más, incluso si pudiera recuperar su trono.

Siguiendo su consejo, Carlos decidió que Juana sería enviada a Poitiers, el último establecimiento teológico aún bajo el control del Delfín, para ser examinada a fondo. Llegó allí el 11 de marzo de 1429, solo unos días después de su audiencia con el Delfín, y se quedó con el defensor de Carlos en el Parlamento. Algunos de los principales teólogos que quedaban en Francia estaban allí para llevar a cabo el interrogatorio, incluidos los doctores en teología, abades, obispos y varios consejeros con formación en derecho. Si hubiera una mancha en el carácter de Juana o una razón para dudar de su fe, estas personas lo encontrarían.

Y así, una simple campesina analfabeta de Domrémy fue objeto de un análisis intenso por parte de algunos de los hombres más educados del país. Por mucho que Francia estaba desesperada por un héroe, o heroína, como parecía, estos hombres estaban decididos a probar a fondo si ella decía la verdad. Sabían que ella no tenía educación, que ella era, a todas luces, un simple don nadie, y sabían que las implicaciones de enviarla al frente y luego verla fracasar serían enormes. Ella podría ser la última esperanza que tenían los franceses, y si esa esperanza resultaba ser falsa, la moral se derrumbaría y la guerra ya estaría perdida. Los teólogos decidieron no mostrarle piedad e ir de frente, por simple que pareciera ser.

Rápidamente se hizo evidente que, por dulce que fuera Juana, no era tonta, ni estaba remotamente intimidada por los hombres importantes que la estaban interrogando. Ella creía firmemente que el Dios del Cielo estaba de su lado, y en comparación con Él, los teólogos no eran nada. Rápidamente comenzaron a preguntarle acerca de las voces que escuchaba, tratando de establecer si eran santos o simplemente producto de una mente perturbada. Una de las primeras preguntas, formulada por el hermano Seguin de Seguin, profesor de teología, fue sobre el dialecto que los santos le hablaron. "Uno mejor que el de usted", respondió Juana con firme calma.

Desconcertado y aún encantado de alguna manera por su valentía, Seguin la miró directamente a los ojos y le hizo la pregunta más simple de todas. "¿Cree en Dios?"

Esos brillantes ojos azules parecían mirar directamente a su alma. "En verdad", respondió ella, "¡más que usted!"

Seguin estaba sorprendido por su respuesta, pero impresionado por la forma en que lo dijo. No había orgullo en ella, solo una sólida seguridad de que no podía encontrar el camino. Él le dijo que por mucho que ella creía en Dios, no podía probar que Él realmente la había enviado a menos que ella le diera a la corte algún tipo de señal, un milagro superior para demostrar que lo que ella les decía era verdad. Durante el interrogatorio, Juana había estado afirmando que eliminaría el asedio en Orleans y coronaría a Carlos en Reims. Cuando Seguin pidió una señal, Juana cruzó los brazos en forma desafiante. "No he venido a Poitiers para mostrar señales", replicó ella. "Envíenme a Orleans, donde les mostraré las señales por las cuales me envían".

Durante las siguientes tres semanas, Juana no solo fue interrogada en la capilla de Poitiers, sino que también fue seguida y observada en secreto, ya que se determinó que su vida privada también tenía que ser impecable para ser considerada digna de la esperanza que la gente estaba tan ansiosa por colocar sobre sus hombros. Sin embargo, tanto en el interrogatorio como en la vigilancia de sus actividades diarias, los teólogos no pudieron encontrarle ningún defecto. En abril de 1429, enviaron un mensaje al Delfín. El hecho de que Juana fuera una cristiana ferviente, respetuosa en todos los aspectos morales y tan devota en su fe como valiente, era indiscutible; pero si realmente iba a poder levantar el asedio como prometió, no podían decirlo, aunque lo consideraban probable. Su sugerencia era enviarla a Orleans, y si ella perecía, entonces perecía. Si ella ganaba la batalla, mucho mejor. El Delfín la enviaría allí como prueba, como ella había solicitado.

\* \* \* \*

Durante la examinación de Juana en Poitiers, se planeaba una expedición de socorro para acudir a Orleans en un intento por liberar a la asediada ciudad de los ingleses. Una vez terminada su examinación, Juana consideró la expedición como una oportunidad ideal para dirigirse a Orleans. Teniendo en cuenta que ella había pasado la prueba con gran éxito, Carlos no tuvo más remedio que dejarla ir, aunque es probable que no se mostrara reacio a enviarla allí, creyendo, como muchos franceses, que Juana era la heroína que habían estado esperando. La doncella que todas las profecías habían predicho.

Su credibilidad recién descubierta no tardó mucho en llegar a los oídos de los ricos y nobles. Se unieron para donar todo lo que Juana necesitaba, invirtiendo su dinero en esta nueva esperanza. Se creó una armadura específicamente para ella para adaptarse a sus curvas femeninas; le dieron una espada y un semental blanco brillante, y finalmente, un estandarte. Este estandarte era algo simple: una representación de Jesús, sosteniendo el mundo en sus manos, flanqueado por dos ángeles sobre un fondo blanco, pero pronto se convertiría en el arma más poderosa en la Guerra de los Cien Años. Porque mientras no derramara sangre, todo el ejército de Francia se uniría detrás de él.

# Capítulo 8 - Llegada a Orleans

Los soldados franceses sabían que estaban al borde de la derrota.

Habían estado atrapados dentro de Orleans durante casi seis meses, viendo crecer las fortificaciones inglesas, conscientes de que con cada día que pasaba sus enemigos minaban debajo de las defensas francesas, llevando sus fortificaciones lentamente más y más cerca de las murallas de la ciudad. Peor aún, durante cinco largos meses, solo un grupo de convoyes de suministros habían podido llegar a la ciudad. Es posible que los ingleses no hayan podido rodear completamente a Orleans, pero tenían fuerzas suficientes para que cualquier convoy que se acercara a él tuviera que tomar una larga ruta indirecta a través del territorio enemigo, lo que resultó en el descubrimiento y captura de diversos convoyes. Los ingleses sabían que no tenían suficientes hombres para ganar la batalla por asalto directo. Entonces, decidieron matarlos de hambre.

Estaba funcionando. Cinco meses de hambre estaban afectando la moral de los soldados. El hecho de que los convoyes ingleses lo lograran, incluso cuando un ejército significativamente más extenso se opuso, como se demostró en la batalla de Arenques, no ayudó. Soldados y ciudadanos de la ciudad tuvieron que observar cómo los ingleses festejaban felices en sus trincheras, mientras que, dentro de Orleans, la gente se acostaba con el estómago vacío.

Circulaban rumores por la ciudad de que Orleans estaba al borde de la rendición, lo que provocó una caída de la moral. De hecho, Orleans ya había hecho una oferta de rendición al duque Felipe III de Borgoña, y fue una oferta que encontró muy atractiva. El control de la ciudad no solo permitiría a sus aliados ingleses continuar su campaña en el centro de Francia, sino que la mitad de sus impuestos irían también a Borgoña, y Borgoña podría nombrar a sus gobernadores. A principios de abril, Felipe se apresuró a París, pidiéndole al regente inglés, el duque de Bedford, que levantara el asedio para que Felipe pudiera aceptar los términos de la rendición.

El duque de Bedford se negó por completo. Le agradó la noticia de esta propuesta, sabiendo que significaba que Orleans había caído de rodillas. Todo lo que quedaba ahora era dar el golpe de gracia. Seguramente, en solo unas pocas semanas, Orleans se derrumbaría. De acuerdo con la ley y la tradición medievales, un ejército invasor podría matar a los ciudadanos de una ciudad que había resistido un asedio (y ninguna ciudad había resistido más vigorosamente que Orleans) una vez que hubiesen entrado. Sería un baño de sangre, y los ciudadanos de Orleans que quedaran serían esclavos de los ingleses. El control de Bedford sobre Orleans sería absoluto, y confiaba en que solo era cuestión de tiempo antes de que la ciudad cayera de una vez por todas.

La situación era tan grave para Francia que los asesores del Delfín Carlos le indicaban que el trono francés era una causa perdida. Abdicar y huir a Escocia era la única opción que le permitiría llevar una vida pacífica y relativamente libre; la muerte o la captura le esperaba si continuara persiguiendo la corona que era su derecho de nacimiento. Pero Carlos se negó a escuchar. Una nueva esperanza había despertado en él. Y esa esperanza se dirigía a Orleans, vestida con una armadura especial, montando un semental blanco y sosteniendo un estandarte blanco.

\* \* \* \*

Los susurros de esta misteriosa chica habían estado volando a través de Orleans durante casi dos meses. Todos decían que era virgen, una joven de las fronteras de Lorraine que había acudido a ver al Delfín y le había impresionado tanto que en ese mismo momento se dirigía a Orleans con el alivio de una expedición muy necesaria. ¿Y no indicaba la profecía que esa niña sería quien salvaría a la nación de Francia? Era la única esperanza que le quedaba a los soldados franceses, y se aferraron a ella con firmeza.

Cuando llegó la noticia de que la expedición de ayuda casi había llegado a Orleans y que uno de sus comandantes clave, Jean de Dunois, había salido a su encuentro, la emoción llenó los corazones de los soldados que esperaban. Hombres de armas y civiles comenzaron a reunirse en las calles, un murmullo de emoción recorrió la multitud. ¿Podría ser verdad? ¿Estaba ella realmente aquí? ¿Realmente Dios la había enviado, como le había dicho al Delfín? Se decía que la habían puesto a prueba en Poitiers y que ella había aprobado. ¿Estaban a punto de ser salvados?

Más rumores llenaron las calles. Los barcos habían cruzado el Loira para encontrarse con la expedición de ayuda a unos cuantos kilómetros al este de Orleans. Cuando esta misteriosa doncella subió al bote, el viento había cambiado mágicamente, y estaban navegando rápidamente y al amparo de la oscuridad de regreso a la ciudad. Afirmaban que era un milagro, aunque muchos dudaban de que la historia fuera cierta. Sin embargo, incluso ellos tenían que esperar que ella tuviera ayuda superior.

Entonces la vieron. Primero vieron el estandarte, ondeando sobre las cabezas de la multitud, una brillante bandera blanca que ondeaba con la brisa. Luego emergió, cabalgando por las calles con un corcel blanco que chasqueaba, resoplaba y tiraba del freno, pero esta pequeña y tenue joven parecía controlarlo con facilidad. Llevaba una armadura de placas y una sonrisa con los ojos muy abiertos, y cuando la miraron a sus brillantes ojos azules, no vieron nada más que una confianza inquebrantable. Era algo en lo que creer, y alegraba a toda la ciudad de Orleans. Estaban aclamando, bailando en las calles, rezando en voz alta, alabando a Dios, cantando su nombre: *Juana de Arco. Juana de Arco.*

\* \* \* \*

Juana no había estado inactiva durante su viaje a Orleans. Al encontrarse con su pequeño ejército en Blois, ella procedió a dictar una carta a los ingleses, dándoles la oportunidad de huir de Francia antes de que ella y su ejército atacaran. Sus declaraciones fueron tan contundentes como simples, afirmando que Dios quería que el Delfín Carlos estuviera en el trono de Francia y que los ingleses se tendrían que ir: "O les haré ir", concluyó. Firmó su carta, simplemente como, *La Pucelle,* La Doncella.

Por supuesto, los ingleses se burlaron de las cartas de Juana. ¿Quién era esta tonta, esta simple campesina, para decirles que se fueran, y mucho menos "hacer" que se fueran? Continuaron insultando y despreciando a Juana cuando estaba en Orleans, y ella continuó enviándoles mensajeros para exigirles que se retiraran. Los ingleses rechazaban los mensajes. Sabían que Orleans estaba al borde de la derrota, y creían que su fe en esta joven demente era solo otra señal de su inminente caída. La llamaron bruja y lunática. Fue en sus labios que su nombre se pronunciaría por primera vez en inglés, un nombre que ha pasado a la historia: Juana de Arco.

Juana no permitió que ninguna terquedad inglesa la detuviera. Cuando los ingleses se negaron a dar marcha atrás, ella ordenó un ataque contra ellos. Jean de Dunois puso fin de inmediato a esto, protestando porque el cuartel era demasiado pequeño para lanzar una ofensiva contra los ingleses; tendría que viajar a Blois para obtener aún más refuerzos antes de que esto fuera posible. El 1 de mayo, salió de la ciudad, escabulléndose a Blois. Con su severa presencia desaparecida, Juana era libre de hacer lo que quisiera. Salió de la ciudad e inspeccionó las fortificaciones inglesas para el desconcierto de los guerreros ingleses. Le gritaron varios insultos desde sus fortificaciones, pero no la atacaron. Después de todo, ¿qué sabía ella de las batallas? ¿Qué daño podría hacer ella? ¿Qué amenaza podría ser ella?

# Capítulo 9 - Portando el
# Estandarte Blanco

*Ilustración IV: Juana y su estandarte en el
Asedio de Orleans*

Entre el ejército francés, Juana estaba ganando popularidad rápidamente. Ahora que más soldados la habían visto, la llamaban La Doncella de Francia, la salvadora virgen que había estado en las profecías durante tantos años. La respuesta fue excepcional. La moral francesa, que había sido saqueada por casi un siglo de guerra, de repente comenzó a subir. Los desertores regresaron al ejército y, repentinamente, todos los valientes jóvenes nobles de Francia querían unirse y asestar un golpe en nombre del Delfín porque se decía que había una santa al frente, que Dios estaba de su lado. Cuando Juana cabalgaba por las calles, tenía que tener una escolta de caballeros con ella o la multitud exuberante la arrebataría de su silla en su emoción. Se alineaban en las calles donde quiera que fuera, mirándola con asombro.

El 4 de mayo, Dunois regresó, trayendo consigo las filas repentinamente repletas del ejército francés. Le sorprendió ver la gran cantidad de hombres que habían regresado o se habían unido gracias a la presencia de Juana en Orleans. Juana cabalgó para encontrarse con el ejército que se acercaba con un pequeño grupo de hombres en caso de ataque, pero a pesar de que los ingleses estaban a la vista, el ejército llegó a Orleans a salvo. Juana y Dunois cenaron juntos esa noche, y Dunois prometió que le enviaría al paje de Juana con noticias si se producía algún combate.

Sin embargo, parece que el paje de Juana falló en sus deberes. Esa misma noche, Dunois y un grupo de 1.500 hombres lanzaron un asalto a una bastilla inglesa llamada St. Loup, y Juana estaba profundamente dormida cuando esto ocurrió. De repente, se despertó y se apresuró a apresurar a su asistente para que despertara. Las palabras y los pensamientos de Juana todavía eran vagos y lentos por el sueño, pero su mensaje era urgente: sus voces le habían dicho que tenía que ir a la batalla. Corriendo a reprender a su paje por su mal comportamiento, Juana le ordenó que buscara su caballo mientras que otros asistentes la ayudaron a ponerse su armadura. En una ráfaga de actividad, Juana saltó sobre su semental blanco, tomó su estandarte y luego colocó espuelas en su caballo, enviándolo al galope firmemente fuera de la ciudad.

Seguida por algunos de sus compañeros, Juana cabalgó hacia St. Loup, y fue allí donde fue testigo de la realidad de batalla por primera vez. Para una joven campesina gentil, habría sido un shock terrible. Aunque había tenido que huir de los ingleses antes, nunca había visto la muerte y la destrucción en una escala tan aterradora. Las lágrimas corrían por sus mejillas mientras veía a los heridos siendo transportados de regreso a Orleans; peor aún fueron los cuerpos desgarrados de los soldados que habían perdido la vida en la lucha. Se dispersaron descuidadamente por el campo de batalla, su sangre empapando la tierra, las moscas zumbando alrededor de sus extremidades inmóviles y caminando sobre sus ojos vidriosos y fijos. La piel desgarrada, el hueso astillado brutalmente expuesto, y las entrañas rasgadas que se derramaban de los cuerpos. Esto era la batalla, y era real, con sangre real en la tierra, el hedor real de la muerte en el aire y personas reales perdiendo la vida.

Tan real como fue la batalla, la fe de Juana era aún más real. Con el rostro pálido y llorando, Juana no permitió que la devastadora vista la detuviera. Espoleó su caballo y cabalgó hacia St. Loup. A pesar de que los franceses superaban en número al cuartel inglés más de tres a uno, se les dificultaba, enfrentando otra derrota desalentadora hasta que escucharon una voz joven y pura gritar desde la dirección de Orleans. Era Juana. Cuando los franceses vieron su estandarte oleando sobre su cabeza, su blancura crujiente contra el cielo azul, se reanimaron. Paralizados ante la "bruja", los ingleses vacilaron. Los franceses avanzaron, empujando a los ingleses de regreso al campanario del fuerte, y en unas pocas horas, los ingleses habían caído. St. Loup estaba en manos francesas, y la primera victoria de Juana había sido ganada.

Aunque murieron más de 100 ingleses, y aunque Juana usaba una espada, nadie fue atacado personalmente por ella. En cambio, parecía profundamente afligida por sus muertes, a pesar de haberlas considerado necesarias. Lloró sobre sus cuerpos, deseando que hubieran escuchado las advertencias que les había dado en nombre de Dios. Pero se derramaría mucha más sangre, y esta joven inocente vería mucha más muerte y sangre antes de que Orleans finalmente fuera liberada.

\* \* \* \*

La victoria en St. Loup fue solo el comienzo, la primera muestra de éxito por la cual el ejército francés había estado tan desesperado. El día siguiente, 5 de mayo, fue el Día de la Ascensión; celebraron el día de la fiesta en calma, pero Juana aprovechó la oportunidad para dictar una última carta a los ingleses. Atado a una flecha, fue disparado a las filas inglesas. Su respuesta fue tan burlona e insultó tanto la pureza y el carácter de Juana que la hizo llorar, pero no la detuvo.

El 6 de mayo, la lucha comenzó de nuevo cuando los franceses se reunieron para comenzar un ataque en serio. El objetivo final era simple: recuperar Les Tourelles, la caseta de vigilancia que los ingleses habían estado controlando desde el fatídico comienzo del asedio. Para lograrlo, primero tuvieron que destruir diversas bastillas inglesas, como Boulevart, Augustins y St. Privé. Cuando amaneció, los comandantes militares se horrorizaron al descubrir que los civiles de Orleans se habían reunido alrededor del estandarte blanco de su heroína y formaron una milicia improvisada vasta en pasión, pero lamentablemente baja en equipamiento y entrenamiento. No obstante, Juana persuadió a los comandantes para que dejaran que la gente se uniera, y entonces navegaron juntos por el Loira, transportando al semental blanco de Juana sobre el río en un bote. Los cascos del caballo blanco apenas habían golpeado la orilla antes de que Juana lo dirigiera hacia la bastilla de Boulevart, gritando a sus tropas que se reunieran a su alrededor. La habrían seguido a todas partes, por lo que cuando ataco a Boulevart, para consternación de los comandantes, su gente la acompañó. El avance, probablemente precipitado por una de las voces de Juana, fue imprevisto y peligroso.

Al cargar contra Boulevart, comenzaron a atacar la bastilla, pero su pasión se desvaneció rápidamente cuando se escucharon gritos de consternación. Los ingleses enviaban refuerzos a Boulevart desde St. Privé. El terror se apoderó de los franceses y comenzaron a retroceder, tirando físicamente del caballo de Juana con ellos. Lo que sucedió después es incierto, pero la única versión que nos brinda la leyenda y la historia es que las tropas inglesas salieron de la bastilla para perseguirlos. Cuando Juana los vio venir, tomó su caballo y levantó su estandarte en alto, gritando cuatro palabras que se convirtieron en su lema, su grito de batalla y su himno personal: ¡Au Nom de Dieu! ("¡En el nombre de Dios!"). Se quedó sola, su propia gente huyendo, su enemigo atacando, y gritó las palabras en las que creía, sosteniendo su estandarte como símbolo de esperanza y valentía. Los ingleses, repentinamente desconcertados por este giro de los acontecimientos, se detuvieron. Los franceses se manifestaron y el ataque comenzó de nuevo.

Esta vez, fue exitoso. Al final del día, St. Privé había sido evacuado, Boulevart había caído y Les Augustins estaba en manos de los franceses. Habían derribado todos los obstáculos que se interponían entre ellos y Les Tourelles. Ahora era el momento de recuperar su ciudad.

# Capítulo 10 - Una Señal Provista

El 7 de mayo de 1429 amaneció con esperanza. Los franceses habían progresado más en un solo día que desde el comienzo del asedio hace muchos meses. Les Tourelles estaba a la vista, casi a su alcance. Gracias a la desconocida joven campesina, por muy erráticas que pudieran ser sus acciones, comenzaron a creer que, después de todo, tal vez el asedio podría levantarse.

Juana había demostrado ser valiente, pero también había sido impredecible, y su presencia imponente hizo que algunos de los comandantes se sintieran incómodos. Además, había obtenido una herida en el pie bastante leve pero aún dolorosa durante la pelea en Les Augustins, por lo que los comandantes trataron de persuadirla de que se quedara en Orleans para el ataque final. Quizás Juana consideró hacer lo que le pidieron. Ella había estado en el centro de la pelea ese día, una pelea para la cual no había recibido entrenamiento ni condicionamiento; ella había experimentado la destrucción masiva y la matanza irreflexiva de la guerra real e incluso sintió lo que era ser herido en ella. De repente todo se tornó muy real. Sin embargo, incluso esto no podría persuadir a Juana de cambiar ninguna de sus convicciones: creía que Dios le había dicho que levantara el asedio, y lo levantaría, sin importar cualquier cosa.

Esa noche, le indicó de sus aliados cercanos, Jean Pasquerel, un fraile que se desempeñaba como su confesor, que se mantuviera cerca de ella, "para mañana tendré mucho que hacer y mucho más de lo que alguna vez tuve, y mañana la sangre saldrá de mi cuerpo por encima de mi pecho". Esta ominosa predicción no pareció tener mucho efecto en la determinación de Juana de unirse a la próxima batalla.

A la mañana siguiente, cuando amaneció, los franceses salieron corriendo. Se dirigieron hacia las puertas de Les Tourelles, audaces y veloces cuando los rayos del sol brillaban sobre el paisaje a medida que salía el sol, y parecía que nada podía detenerlos; una historia describe el fervor de los soldados franceses como tan poderosos que parecían "creerse inmortales". Sus ojos se fijaron en el estandarte blanco de Juana mientras ella cabalgaba delante de ellos, y se lanzaron a Les Tourelles, donde bombardearon a sus enemigos por horas. Los cañones estallaron, las espadas chocaron, las voces gritaron y, sobre todo, el sereno estandarte blanco de Juana de Arco flotaba sobre la brisa. Ella siempre estuvo en el centro de todo, pero nunca dio un golpe. Ella no necesitaba hacerlo. ¡Su mera presencia, la seguridad en sus ojos azules y el aumento y la caída de su voz melodiosa llamando a su grito de guerra de *Au Nom de Dieu*! Era más fuerte que la espada de dos filos más afilada, más poderoso que el cañón más imponente.

La mañana continuó con los franceses luchando con fuerza y perseverancia. Su valentía de alguna manera no encontró fin, su resistencia no disminuyó mientras su amada Juana se quedaba hombro con hombro con ellos, gritando ánimos. Ella no daría un golpe, pero era un arma en sí misma.

Cuando el sol comenzó a alcanzar su apogeo, sucedió. La ominosa profecía que Juana había hecho sobre sí misma se hizo repentina y repugnantemente cierta. Jean Pasquerel, como había pedido Juana, estaba justo a su lado cuando escuchó el sonido de una cuerda de arco inglesa. Juana, a mitad de camino ayudando a levantar una escalera de mano contra la pared de la fortaleza, apenas tuvo tiempo de mirar hacia arriba antes de que la flecha la golpeara. La fuerza la derrumbó, golpeando cruelmente su frágil cuerpo contra la tierra con un ruido sordo y el sonido de la armadura. La sangre se derramó sobre el suelo, y Juana lanzó un solo grito de dolor y terror cuando su estandarte se tambaleó por un segundo y posteriormente, su dueña, cayó al suelo.

Pasquerel estaba a su lado casi antes de que pudiera pensar. La flecha le había perforado el hombro tan profundamente que la cabeza sobresalía de su espalda, su terrible metal brillaba con sangre húmeda cuando Pasquerel la hizo rodar suavemente sobre su costado. De repente, la doncella vivaz y resplandeciente, la líder de un ejército, la inspiración de las masas era solo una joven de diecisiete años que yacía en el suelo y lloraba mientras sangraba. Era indudablemente humana, aferrada a la mano de Pasquerel, asustada y herida.

Sus soldados estaban igual de conmocionados, pero se apresuraron a ayudarla. Llevándola lejos del calor de la batalla, intentaron hacer lo que pudieron por ella. A pesar de su dolor y miedo, cuando llegó un soldado y se ofreció a curarla con brujería, Juana se negó de inmediato, afirmando que preferiría morir antes que pecar. En cambio, los curanderos locales hicieron lo que pudieron. No fue mucho. En la era actual, ella se habría sometido a una cirugía, le habrían dado analgésicos fuertes y la habrían limpiado y acomodado. Pero era el siglo XV. Los sanadores aún no habían aprendido a lavarse las manos. La trataron con algodón, aceite y grasa de tocino. No había anestesia ni analgésico mientras le sacaban la flecha del hombro.

\* \* \* \*

Cuando a Juana la sacaron del campo de batalla, los corazones de los soldados franceses parecían ir con ella, desgarrados y ensangrentados como ella. Continuaron luchando a medida que el día crecía más y más, pero con cada hora, parecían cansarse más rápido. Los ingleses, burlándose de que habían matado a la bruja, se unieron y mantuvieron su fortaleza con más confianza. Al caer la tarde, Dunois tuvo que enfrentar el hecho de que sus hombres estaban vacilando. Aunque su primer ataque había sido prometedor, no podía negar que no eran nada sin Juana.

Con el corazón devastado, Dunois decidió suspender a sus hombres y volver a intentarlo al día siguiente. Cuando Juana escuchó la noticia, se arrastró desde el lugar donde estaba acostada. Débil y pálida pero decidida, le rogó a Dunois que esperara unos minutos antes de dar la orden. No tuvo el valor de negarle esta petición. Llamó a su caballo, se subió a la silla y se fue a un viñedo cercano.

Entre estos viñedos, Juana se sentó y rezó. Su semental blanco estaba sobre ella como si estuviera en guardia; la suave brisa primaveral agitaba el verde intenso de las hojas a su alrededor, y los sonidos de la batalla eran apagados y distantes. Respiró la paz profundamente, inclinó la cabeza y centró cada pensamiento en el Dios en el que confiaba. Y escuchó las voces.

\* \* \* \*

Los soldados no podían entender por qué Dunois aún no los había suspendido. ¿Qué esperanza tenían? La Pucelle, la Doncella que los dirigía, había resultado herida. Algunos creían que había sido asesinada o ya habría regresado. ¿Los había abandonado? ¿Los había abandonado Dios? Cada duda derrumbaba cada vez más su fuerza mental, incluso a medida que cada golpe, cada mina que cavaban y cada cañón que lanzaban absorbían su poder físico. Habían estado luchando durante horas. El anochecer se arrastraba hacia el cielo occidental, y, sin embargo, Les Tourelles resistió, los ingleses de alguna manera parecían invencibles. Los franceses ya no querían pelear. Solo querían rendirse e irse a casa.

Entonces, lo oyeron. La voz pura y penetrante, que se eleva por encima de los brutales gruñidos y golpes de la batalla.

"Tout est vostre-et y entrez!", Gritó. "¡Todo es suyo, entren!"

Era Juana. Ella se apresuró hacia ellos, cargando una escalera a pesar de su brazo herido, sus ojos estaban iluminados por la esperanza. Su presencia entre ellos los motivó, el brillo de su armadura bien forjada fue la chispa que necesitaban para convertirse en una llama ardiente. Se lanzó contra las paredes, con su estandarte en alto, gritándoles que se unieran a ella. Los ingleses, que habían creído que estaba muerta, vacilaron. ¿Había resucitado esta bruja de la tumba, o milagrosamente había sido resucitada de entre los muertos? De cualquier manera, era una perspectiva desalentadora. Ellos dudaron por el tiempo suficiente. Los franceses se lanzaron a la bastilla, obligando a los ingleses a retroceder. De vuelta al puente levadizo. De vuelta a la última barbacana de Les Tourelles. De regreso de toda la orilla sur del Loira, hasta que el último inglés había sido expulsado del complejo Les Tourelles, de Orleans.

Esa noche, Les Tourelles fue retomada por los franceses. A la mañana siguiente, los ingleses se rindieron. Se había proporcionado la señal que habían pedido los examinadores en Poitiers: de alguna manera, esta joven campesina que parecía ayudada por la gracia divina había llegado a una ciudad al borde de la rendición y en poco más de una semana trajo una victoria imposible.

Era oficial. Juana de Arco era La Doncella de Orleans, la heroína que Francia había estado esperando.

# Capítulo 11 - La Batalla de Patay

La moral francesa nunca había sido tan elevada. Era el 18 de junio de 1429, aproximadamente seis semanas después de la espectacular victoria en Orleans, y los franceses habían estado haciendo campaña en todo el Valle del Loira desde que se levantó el asedio. Y por primera vez en décadas, estaban ganando.

Después de semanas de atacar fortificaciones controladas por los ingleses, los franceses habían hecho huir al ejército inglés. Ahora, impulsados hacia el frente y ordenados por Juana de Arco, los franceses perseguían a sus enemigos por un viejo camino romano hacia la ciudad de Patay. Los exploradores habían sido enviados a buscar a los ingleses, pero aún no habían regresado con noticias de su paradero. Mientras tanto, la vanguardia continuó en el camino, pasando por rodales de espesos bosques y matorrales. A pesar del hecho de que sabían que estaban atravesando territorio enemigo y que la vegetación circundante era tan espesa que un ejército enemigo podría ocultarse cerca, los franceses se movieron con confianza. La doncella de Orleans había afirmado que tendrían otra victoria, y le creyeron. Los comandantes le habían preguntado dónde encontrarían a los ingleses, esperando que sus santos se lo hubieran indicado. Su respuesta fue enigmática, pero inspiró coraje: "Vayan con audacia, tendremos una buena orientación".

Así que ahora la vanguardia de ochenta caballeros, liderados por La Hire, que también había luchado junto a Juana en Orleans, cabalgaba enérgicamente y sin miedo. Patay estaba a la vista; los ingleses habían estado huyendo todo el día, pero los caballos franceses estaban frescos y sus jinetes los estimularon con una nueva confianza. Juana, liderando el cuerpo principal del ejército francés, estaba justo detrás de ellos. Creían que no tenían nada que temer.

Estaban a solo unas millas de Patay cuando la guía que Juana había profetizado aparentemente vino en su ayuda. Mientras cabalgaba por el campo, el ruido de los pies de los caballos y el sonido de la armadura habían estado asustando a pequeñas criaturas salvajes toda la mañana. Hubo un repentino susurro del bosque, luego el sonido de cascos en el camino. Algunos de los caballos se sobresaltaron, y los caballeros se apresuraron a mantener el control sobre ellos, mirando a su alrededor arduamente para saber qué acababa de salir del bosque.

Era un ciervo. Majestuoso, elegante, se lanzó sobre el camino, con los ojos oscuros muy abiertos, y su cola blanca levantada mientras huía. Sus piernas eran delgadas como sombras, pero lo conducían por el suelo a una velocidad impresionante, con sus astas extendidas sobre sus hombros. Los caballeros y los caballos se relajaron, sintiéndose tontos por ser sorprendidos por un ciervo. El ciervo huyó, desapareciendo en el bosque. Entonces oyeron los gritos. Haciendo una pausa, los caballeros escucharon como voces masculinas llenaban el pacífico campo, un clamor que solo podía provenir de un gran grupo de hombres. Y estaban gritando en inglés. El ciervo, en pánico, había chocado directamente con el ejército inglés, revelando su posición.

La Hire descubrió rápidamente que los ingleses aún luchaban por armar sus defensas habituales (una línea de estacas afiladas frente a las líneas de arqueros, una formación que había sido casi impenetrable para la caballería durante toda la guerra) y pidió su caballería. Mientras los mensajeros huían de regreso al ejército para indicarles que habían encontrado a los ingleses, La Hire llamó a sus hombres, los enfrentó y los embistió.

\* \* \* \*

Desde Orleans, el ejército francés había estado disfrutando de una victoria tras otra, y con cada pelea que ganaban, el Delfín confiaba cada vez más en el liderazgo de Juana. Cuando ella se reunió con él el día después de que los ingleses se retiraran de Orleans, él era un hombre diferente, exuberante de alegría y tan extasiado que algunos cronistas lo describen como que casi la besó cuando la vio; tan abrumado estaba de alivio y felicidad. Juana había hecho lo que nadie había pensado que se podía hacer. Había levantado el asedio o, de acuerdo con ella, había sido el instrumento que Dios mismo usó para levantar el asedio.

Ahora a los ingleses se les había derrotado, y Carlos tenía diversas opciones cuando se trataba de qué hacer a continuación. Lo más sensato sería impulsar una campaña hacia París o Normandía, incrementando así gradualmente los territorios que él controlaba.

Pero Juana tenía otras ideas. Asistiendo a los consejos de guerra cuando pudo, insistió en que su enfoque debía centrarse en la siguiente parte de la misión que las voces le habían encomendado: coronar a Carlos oficialmente como el rey de Francia. Esto solo se podía hacer en Reims, la ciudad donde generaciones y generaciones de reyes habían celebrado sus ceremonias de coronación. La dificultad era que Reims estaba millas y millas en territorio enemigo, mucho más lejos que París, y de poca importancia estratégica. Sin embargo, Juana se mantuvo firme. Sus voces le habían dicho que fuera, y estaba decidida a ir.

Habiendo presenciado lo que acababa de pasar en Orleans, Carlos descubrió que no podía decirle que no. Tenía que ser la santa, la heroína, la salvadora que Francia había estado esperando. Él le otorgó permiso para dirigir una campaña ofensiva a través del Valle del Loira, en dirección a Reims. A principios de junio, Juana cabalgó junto al duque de Alenzón, quien fue uno de sus partidarios más fervientes, especialmente después de que le salvó la vida durante una batalla en Jargeau advirtiéndole sobre un cañón que estaba a punto de dispararle. El duque saltó fuera del camino, y otro hombre que se encontraba cerca fue asesinado. Esto despertó una sensación de lealtad en Alenzón, e hizo todo lo que Juana le aconsejó que hiciera.

Puede haber parecido una estrategia sin sentido escuchar a esta joven sin educación, que generalmente abogaba por ataques directos incluso cuando enfrentaba probabilidades poco probables, pero funcionó. En los cinco días entre el 12 y el 17 de junio, los franceses vencieron al ejército inglés del Valle del Loira a pesar de los refuerzos que habían llegado de París. Primero Jargeau, posteriormente Meung, y luego Beaugency cayó ante ellos. Ahora los ingleses corrían hacia el norte, y los franceses les pisaban los talones, listos para otra gran victoria.

\* \* \* \*

La carga de caballería de La Hire se elevó hacia los setos donde estaban escondidos los arqueros ingleses. En pánico, la línea inglesa comenzó a derrumbarse antes de que la caballería pudiera alcanzarla. Una descarga dispersa de flechas surgió, rebotando en la armadura de placas, pero mientras uno o dos caballeros gritaban y caían, la carga continuó. Frente a una pared de caballos blindados que se precipitaban hacia ellos, los arqueros dieron media vuelta y huyeron.

No fue tanto una batalla como una masacre. Los ingleses no opusieron resistencia. Fueron derribados mientras corrían, el ejército en pánico fue derrotado por completo, dispersándose en el campo. Para el momento en que Juana y el ejército principal llegaron al campo de batalla, la lucha había terminado en su mayor parte, con todo el campo repleto de cadáveres desgarrados y destrozados de miles de ingleses.

El panorama rompió el corazón de Juana a pesar de que los ingleses eran sus enemigos. Desmontando de su caballo, se arrodilló junto al soldado inglés moribundo más cercano, acunó su cabeza en sus manos y trató de calmarlo mientras se desvanecía lentamente hacia la muerte.

Dos mil ingleses murieron ese día; de los franceses, solo cayeron aproximadamente cien. Era la humillante batalla de Agincourt de nuevo, excepto que esta vez ocurrió lo opuesto. Los franceses habían ganado y estaban decididos a seguir ganando.

# Capítulo 12 – Las Habas del Apocalipsis

*Ilustración V: Troyes en la actualidad*

El ejército que partió de Orleans a finales de junio era completamente diferente al que Juana había sacado por primera vez de Chinon. Entonces, solo tenía un grupo de hombres, todos desanimados y apenas aferrados a la esperanza que su estandarte blanco les había dado. Ahora, sus hombres sumaban hasta doce mil. Estos eran caballeros y soldados e incluso ciudadanos comunes de las ciudades circundantes que se habían armado con espadas y lanzas y montaron sus pequeños ponis de granja para unirse a la causa. Todos querían seguir a Juana, donde fuera que ella se condujera.

Y a pesar de algunas dudas de otros comandantes que creían que el ejército debería recurrir a Normandía, ella los estaba llevando a Reims. Carlos se encontró con el ejército en Gien la noche después de que salieron de Orleans; estaba completamente emocionado, radiante ante la perspectiva de que finalmente le otorgaran la corona para la que había nacido. Juana estaba serena como siempre, creyendo e insistiendo firmemente en que iban a llegar a Reims y que Carlos iba a ser coronado, sin importar lo que se atreviera a interponerse en su camino.

Al final resultó que, no mucho se interpuso en su camino. Los ingleses creían que Juana era una bruja, una hechicera aterradora cuyas maldiciones eran invencibles; ella golpeó el terror en sus corazones, y su resistencia se derritió ante ella, la moral se desplomó mientras sus comandantes intentaban desesperadamente mantener el control sobre sus hombres en pánico. Los pueblos pudieron haber sido ocupados por ingleses, pero fueron poblados por los franceses que estaban dispuestos a aliarse una vez más al Delfín ahora que se decía que viajaba con una santa de buena fe. A medida que se acercaban a Reims, el ejército francés apenas tuvo motivos para dar un solo golpe. Ciudad tras ciudad abrieron sus puertas y se rindieron, dando la bienvenida a Carlos como su rey. Fue menos una campaña y más una marcha de victoria en el camino a Reims.

Sin embargo, fue durante este tiempo que Juana, por primera y posiblemente última vez, realizó un acto de violencia. El 29 de junio, cuando el ejército partió de Gien para comenzar su marcha, Juana observó a un grupo de mujeres jóvenes merodeando por las puertas de la ciudad. En una época en la que miles de hombres fueron separados de sus esposas y familias y pasaron semanas o meses en el camino, sin compañía y a menudo aburridos, floreció la prostitución. Dondequiera que iba el ejército, las prostitutas iban con él, siempre al borde del campo, y este día no fue la excepción. Cuando el ejército salió de Gien, Juana vio que algunos de los jóvenes habían notado a las prostitutas. Se dirigieron hacia ellas, completamente distraídos de su misión, y Juana se enfureció. Embistiéndolos en su caballo, sacó su espada. Aterrados por la ira de su líder, los hombres se alejaron, las prostitutas huyeron, pero fueron demasiado lentos para Juana. Ignorando a las prostitutas, se puso furiosa sobre los hombres, golpeándolos con la cara plana de su espada. Estaban a salvo de cualquier corte por el borde, pero era lo suficientemente dura, y Juana la balanceó con una fuerza nacida de la furia. Tenía solo unos cinco pies de altura, pero golpeó al soldado más cercano lo suficiente como para que la espada se rompiera.

Habiendo castigado a los soldados, Juana regresó a la cabeza del ejército, sudorosa y con los ojos desorbitados de ira. Ningún hombre se atrevió a mirar a una prostituta mientras se dirigían a su marcha. Una de sus primeras paradas, la ciudad de Auxerre, le era familiar a Juana; ella la había visitado en su viaje de Vaucouleurs a Chinon, escabulléndose dentro de las murallas de la ciudad para escuchar misa. Entonces, cabalgó valientemente hacia ella a la cabeza de un ejército victorioso. Mientras Auxerre permaneció fiel a su lealtad al duque de Borgoña, no se resistió a los franceses, sino que proporcionó provisiones al ejército; después de un breve descanso, continuaron hacia una ciudad que debió de haber causado una gran angustia a Carlos: Troyes.

\* \* \* \*

Fue en Troyes donde la propia madre de Carlos había firmado su derecho de nacimiento, regalando el país a un rey inglés. La amargura debe haber llenado el corazón de Carlos al acercarse a la ciudad. Si solo Isabel no hubiera firmado ese tratado, Carlos ya habría sido rey, un rey en guerra, sin duda, pero al menos un rey verdadero y oficial. No habría tenido que luchar con uñas y dientes en su propio país solo para poder usar la corona para la que creía que había nacido.

Sin embargo, allí estaba él, acercándose a Troyes con una vasta fuerza de soldados leales, liderados por esta joven desconocida pero innegablemente carismática. Juana cabalgaba junto al rey, ahora en un corcel negro; el estandarte blanco ondeaba sobre su cabeza que tenía un corte de pelo corto y juvenil, que aún crecía después de haber sido disfrazada de hombre para el viaje a Chinon. Era temprano en la mañana cuando apareció Troyes, y fue inmediatamente obvio que esta era la primera ciudad que no se hundiría sin luchar. A pesar de que la guarnición de Troyes solo contaba con 500 hombres, salieron valientemente contra la enorme fuerza de Carlos. Después de una breve pero intensa pelea, fueron conducidos nuevamente a Troyes. Se hizo poco o ningún daño al ejército francés, pero los hechos estaban claros: Troyes iba a resistir.

La ciudad que había desheredado a Carlos ahora seguiría siendo una espina en su costado. Confiado en que no pasaría mucho tiempo antes de que Troyes se sometiera, Carlos ordenó a sus hombres que se atrincherarán y se prepararan para un asedio. La guarnición anglo-borgoñesa estaba muy superada en número, y Carlos estaba seguro de que no pasaría mucho tiempo antes de que se rindieran.

Solo había un problema: el ejército francés no tenía nada para comer. Los suministros que habían comprado en Auxerre ya no estaban; ahora, se encontraron acampando en el campo, en las profundidades del territorio enemigo, con miles de bocas humanas y equinas para alimentar. El verano permitió que los caballos pastaran, pero el ejército estaba formado por delicados caballeros franceses que estaban acostumbrados a la lujosa gastronomía.

La solución a este problema fue, como la propia Juana de Arco, lo más extraña y poco ortodoxa posible. El invierno anterior, un fraile errante había llegado a Troyes. Su mensaje fue que el fin del mundo estaba cerca, que Jesús regresaría ese verano y que la gente de Troyes necesitaba estar lista para alimentar a una corte angelical. Por esa razón, en lugar de plantar la cosecha de trigo habitual, los agricultores de Troyes y sus alrededores habían plantado todos sus campos con una cosecha temprana de habas.

Ningún ejército angelical descendió sobre Troyes como el hermano Richard había prometido. Pero arribó un ejército, y tenía hambre, y llegó justo cuando las habas comenzaron a madurar.

\* \* \* \*

Troyes continuó resistiendo obstinadamente durante varios días mientras el ejército francés rodeaba la ciudad. Carlos comenzó a preguntarse si realmente valía la pena sitiar la ciudad; su objetivo era llegar a Reims, no capturar todo a su paso. Comenzó a discutir sus opciones con sus comandantes, la mayoría de los cuales estaban a favor de retirarse y regresar a Gien. Uno de los hombres mayores finalmente logró convencerlos para consultar con Juana antes de tomar cualquier decisión, considerando que habían seguido a Juana hasta este punto.

Su respuesta fue predecible. Ella creía que Troyes iba a caer pronto, en los próximos días, y Carlos solo tenía que mantenerse firme. Justo cuando le había pedido a Robert de Baudricourt que le indicara a Carlos que tenía que mantenerse firme contra sus enemigos, mucho antes de que el nombre de Juana de Arco significara algo para alguien en Francia, ahora seguía exhortando al Delfín a ser valiente y perseverante.

Reuniendo al ejército, Juana ordenó a los soldados que comenzaran a construir establecimientos en el foso de Troyes, preparándose para una ofensiva a gran escala. Su estandarte blanco les había otorgado la victoria anteriormente; confiaron en que volvería a hacerlo, y trabajaron fervientemente y sin miedo.

Los anglo-borgoñones dentro de Troyes ya habían escuchado todas las historias sobre la bruja de Orleans y sus terroríficos poderes. Observaron con consternación cómo se desarrollaban las obras de Juana y vieron, con horror, que las había preparado de una manera tan hábil como lo haría cualquier comandante militar experimentado. Sus aparentes poderes sobrenaturales los asustaron, y enviaron apresuradamente a algunos de los líderes de la ciudad para intentar negociaciones pacíficas con el ejército francés.

Entre ellos estaba el mismo hermano Richard, cuya predicación les había proporcionado a los franceses sus habas. Aunque al principio sospechaba de Juana, rociando temerosamente agua bendita para alejar a sus demonios, más tarde se convertiría en uno de sus aliados. Sin embargo, a pesar de las dudas del fraile, se llegó a un acuerdo que permitía al cuartel escapar y entregar la ciudad. Más tarde esa mañana, las puertas de Troyes se abrieron de par en par. Y el Delfín Carlos, repleto de alegría y triunfante, logró entrar por fin en la ciudad donde su propia familia lo había traicionado.

# Capítulo 13 - El Rey Francés Coronado

*Ilustración VI:* Juana de Arco en la coronación del rey Carlos VII
*por Jean Auguste Dominique Ingres, 1854. El clérigo representado
es Jean Pasquerel el compañero de Juana*

Catedral de Reims, 17 de julio de 1429. Fue aquí donde el primer rey de Francia, entonces rey de los francos había sido bautizado por Saint Remi hace casi mil años. Y desde entonces, generación tras generación, cada rey de Francia había sido coronado en el lugar en una ceremonia tan antigua, santa y venerada mientras se realizaba. Los techos abovedados se alzaban hacia el cielo, las paredes doradas y lujosamente decoradas con un esplendor desmedido, y debajo de la altura del techo se alzaban algunas de las personas de más alto rango en toda Francia, especialmente el joven rey que, arrodillado junto al altar, estaba listo para recibir finalmente su corona.

Y entre todos ellos estaba Juana de Arco, una campesina de las fronteras de Lorraine. Una desconocida, y sin embargo su nombre estaba en boca de todos los hombres de Francia e Inglaterra por igual. No sabía leer ni escribir, no tenía estudios, y era una de las personas de clase más baja en todo el país. Y, sin embargo, allí estaba, no solo como una espectadora en la coronación del rey de Francia, sino una parte esencial de los acontecimientos que habían llevado a este mismo momento. Había derramado una gran cantidad de sangre, sudor y lágrimas para llevar a Carlos a Reims, y ahora observaba con radiante satisfacción y alegría la ceremonia.

La ceremonia de coronación fue muy compleja. Uno de sus componentes clave era un vial de aceite sagrado, que se dice que fue llevado a Saint Remi para el bautismo de Clovis I por una paloma que descendió del cielo. El aceite estaba alojado en un relicario de oro puro, que contenía un frasco de cristal, y se usaba con moderación y reverencia sobre la espalda y los hombros de Carlos, tal como se había usado en todos sus antepasados que habían sido reyes. Entonces, el alguacil de Francia entró, portando una espada real y elaboradamente tallada que se usaba simbólicamente para otorgar el título de caballero al rey. Esta espada en particular, a menudo conocida como la Espada de la Doncella en honor de Juana, estuvo perdida en el tiempo; desapareció en algún lugar durante la Revolución Francesa muchos años después. Luego, el rey recibió sus espuelas doradas, una espada, su túnica real, su anillo y su cetro, y finalmente, la corona de Francia. Por fin, la corona se bajó sobre la cabeza del Delfín Carlos. Ya no era Delfín. Él era el rey.

Durante toda la ceremonia, de aproximadamente cinco horas, Juana había permanecido inmóvil cerca del rey, observando en silencio satisfecha y sosteniendo su estandarte. Era algo destrozado por ahora, usado durante diversas batallas, pero la esperanza que mantenía aún latía con fuerza en los corazones de todos los franceses cuando finalmente vieron a su rey en el trono. Juana misma no se movió hasta que el rey finalmente fue coronado. Entonces su moderación parecía haberla dejado. Arrojó a un lado su estandarte y se arrojó a los pies de Carlos, tal como lo había hecho meses atrás cuando identificó al rey entre los trescientos cortesanos. "¡Noble rey!", exclamó, dirigiéndose a él como "rey" por primera vez desde esa primera reunión. "Ahora se cumple la voluntad de Dios, que deseaba que yo levantara el asedio de Orleans". Estaba llorando abiertamente, las lágrimas corrían por sus mejillas mientras se aferraba a las piernas de Carlos. Con la emoción fluyendo dentro de la catedral, fue la gota que colmó el vaso. Los espectadores rompieron en llanto cuando Juana se aferró a los pies de su rey y se regocijó. Había hecho lo que sus voces le habían indicado que hiciera. Ella había traído al rey a Reims.

Finalmente, la ceremonia fue concluida por una algarabía de trompetas. Los trompetistas estaban tan repletos de emoción que su algarabía parecía sacudir la misma catedral; en palabras de uno de los testigos, "parecía que las bóvedas de la iglesia iban a desplomarse".

\* \* \* \*

Reims había capitulado ante el ejército francés que se aproximaba, abriendo sus puertas sin resistencia y dando la bienvenida al Delfín para su coronación. Ahora que fue coronado rey Carlos VII, el rey sabía que su trabajo estaba lejos de haber terminado. Francia todavía estaba en un estado de guerra civil, y los ingleses estaban en todas partes, especialmente en su capital, París.

Juana tampoco había terminado con la guerra. A pesar de que las batallas parecían haber tenido un profundo efecto emocional en ella, estaba lista para más. Poco después de la coronación, le informó al rey que sus voces le habían ordenado que tomara el ejército y se dirigiera directamente a París para un ataque que tenía como objetivo retomar la ciudad. El duque de Alenzón previsiblemente la apoyó en esta decisión, pero a Carlos no le convenció tan fácilmente. Incluso después de las victorias que Juana les había traído, parte de él parecía desconfiar un poco. Se negó a seguirla a ciegas y en su lugar llamó a un consejo para discutir qué hacer a continuación, donde se decidió que sería un movimiento más sabio intentar negociar una tregua con el duque de Borgoña, aún un aliado clave para los ingleses.

Mientras tanto, Juana se quedó en Reims, teniendo poco que hacer, pero aun siendo importante para la gente. Después de cuatro meses de actividad constante, debe haber sido un alivio tener un respiro y permanecer en una ciudad por más de unas pocas semanas. Y debe haber sido un mundo nuevo y desconocido para esta campesina que nunca había estado en contacto con las clases altas fuera del ejército. Era una de las personas más famosas (y también la más poderosa, teniendo en cuenta que la mayoría de los soldados franceses la habrían seguido a todas partes, incluso si fuera en contra de las órdenes de sus comandantes) en Francia, y, sin embargo, nada de eso parecía afectar su comportamiento. Ella se negó a disfrutar de los lujos que tenía a su disposición en Reims, muchas veces negándose incluso a comer carne o verduras. En cambio, Juana a menudo optó por tener solo un poco de pan, tal vez anhelando la dieta simple que una vez había tenido cuando era solo una joven ordinaria en Domrémy. Con frecuencia decía desde el comienzo de su ascenso que, si dependiera de ella, se habría quedado en la aldea. Tenía un deseo mucho mayor de cuidar ovejas e hilar lana que liderar ejércitos y reyes de la corona. Sin embargo, sus voces la obligaron; ella insistió en que los santos le estaban diciendo qué hacer, y Juana vivió para obedecer sus órdenes.

Sin embargo, esta vez, Carlos no estaría convencido de marchar directamente sobre París. En cambio, estaba negociando con Felipe de Borgoña, ignorando a Juana y sus voces. Esto resultaría ser un grave error.

# Capítulo 14 - El Asedio de París

*Ilustración VII: Juana en el asedio de París*

Mientras Juana continuaba instando al recién coronado rey Carlos VII a atacar a París sin demora, el rey se mantuvo firme. Se negó a trasladarse a París hasta que concluyó sus negociaciones con el duque de Borgoña, sin importar cuán fervientemente Juana le suplicó que prestara atención a sus palabras. Hubiera sido fácil, después de todo lo que Juana había logrado durante su tiempo con el ejército, sentirse traicionada y ofendida por la falta de confianza de Carlos en ella, pero si lo hizo, no lo demostró. En cambio, acompañó a su amigo el duque de Alenzón en una marcha sin rumbo, conquistando pueblos que rodean a Reims. La mayoría de estos se rindieron sin ninguna resistencia.

Mientras tanto, cuando Carlos intentaba llegar a algún tipo de pacto con Felipe, el misterioso duque de Borgoña solo participaba en las negociaciones porque quería ganar tiempo. Incluso mientras sonreía y asentía en sus reuniones con los franceses, mientras parecía amable superficialmente, Felipe estaba ocupado dando órdenes a sus hombres de que París se fortaleciera contra un posible ataque de los franceses. Solo cesaron las negociaciones cuando concluyeron sus fortificaciones. Todo el ejercicio había sido completamente inútil; en lugar de acercarse a la paz, Carlos solo había logrado darle la ventaja a su enemigo. Habría hecho bien en prestar atención a las palabras de Juana. Sin embargo, no lo hizo. Y por eso, el ejército francés pagaría el precio.

\* \* \* \*

Fue a finales de agosto cuando las negociaciones finalmente llegaron a su fin, y Carlos decidió que, después de todo, sería necesario un ataque contra París. Juana y el resto del ejército se habían estado moviendo por todo el país hacia la capital, y el 26 de agosto de 1429, ella y sus hombres conquistaron un pequeño pueblo cerca de París y se establecieron junto con sus tropas en La Chapelle. Aquí, comenzaron a enviar pequeños grupos a la ciudad para reconocer las puertas y determinar cuánto Felipe había podido mejorar las defensas.

Lo que observaron les trajo una gran consternación. París había sido fundada hace siglos, a finales del siglo III a. C., y durante el transcurso de más de un milenio, solo había crecido en importancia y fuerza. La fortaleza ya era prácticamente inexpugnable antes de que el duque de Borgoña comenzara a fortificarla contra el ataque que Juana ahora se encontraba liderando. Ahora, era un panorama intimidante, a pesar de que Juana y otros comandantes sabían que su guarnición solo albergaba a unos 3.000 hombres. El ejército de

Carlos ascendía a 10.000, pero no tenían la ventaja de las fuertes defensas que vigilaban todo el centro de la ciudad.

Juana se dirigió a una pequeña capilla en La Chapelle, conocida como la Capilla de St. Genevieve, unos días después de su llegada a la zona. Su propósito era rezar, y es fácil pensar por qué eligió buscar su inspiración divina de Saint Genevieve. Nacida hace más de mil años, también había sido una santa virgen, una mujer que había viajado por todo el país predicando y sanando. St. Genevieve también había afirmado haber tenido visiones de santos y ángeles, tal vez incluso de una manera similar a como Juana las había visto. Debe haberse sentido como la única persona en el mundo con la que Juana podía identificarse, ya que las voces de Juana seguían hablando con ella, instándola a llegar a París y recuperar Francia para su legítimo y recientemente ungido rey. Juana se arrodilló allí en la paz de la pequeña capilla, y rezó, esperando que sus voces volvieran a guiarla.

Esa misma capilla sigue en pie hoy, aunque las calles de París han crecido y se han extendido tanto que ahora es parte de la propia París. El mismo lugar donde Juana se arrodilló en oración todavía se puede visitar actualmente. Cuando se puso el sol, Juana tomó su lugar y, a medida que avanzaba la noche, no se movió, permaneció allí, con toda su mente centrada en escuchar sus voces. Amaneció y su cuerpo estaba frío, rígido y doliente cuando se levantó, pero Juana estaba repleta de determinación. Iban a tomar París, y ella conduciría a su ejército hacia la victoria una vez más.

Carlos llegó a París el 7 de septiembre, después de haber perdido su tiempo una vez más en una agonía de indecisión. Tan pronto como llegó con algunos refuerzos, Juana y el duque de Alenzón dieron la orden de atacar. Juana misma cabalgaba a la cabeza del ejército. Los anglo-borgoñones la observaron con temor cuando ella apareció a la vista, una figura femenina vestida de acero reluciente, montada sobre un semental negro que brillaba al sol del mediodía. Una brisa desplegó su estandarte sobre su cabeza; blanco y puro contra un paisaje en llamas con los cálidos colores del otoño, era un símbolo de esperanza para los franceses y un objeto temido para todos los que se enfrentaban a ellos.

Esta vez no habría intentos de detener a Juana. Los comandantes sabían que sus hombres peleaban mejor si la Doncella de Orleans estaba a la cabeza.

Y a la cabeza estaba Juana. Tomando su estandarte, llamó a los hombres. Se lanzaron hacia adelante, corriendo hacia las paredes de París con un celo implacable. Juana estaba al frente del ejército, con su estandarte al frente mientras embistieron el foso. El aire se llenó con el estallido y el trueno de los culverins —cañones medievales— montados en las colinas cercanas; por cada descarga que Francia disparaba, los parisinos regresaban, lloviendo misiles de piedra sobre los hombres de Juana. Las ballestas vibraban, sus pesados virotes caían en las filas; las espadas chocaban cuando arrojaban garfios por las paredes y comenzaban a trepar, luchando arduamente para evitar ser derribados. Fue un caos de muerte y destrucción, pero según un testigo presencial llamado Perceval de Cagny, ninguno de los hombres de Juana resultó gravemente herido, aunque muchos fueron abatidos por balas de cañón.

Sin embargo, los parisinos no retrocedieron, y las fortificaciones de la gran ciudad se mantuvieron firmes. Hora tras hora, los hombres de Juana lucharon contra las defensas, y muchas veces estuvieron peligrosamente cerca de invadirlos por completo, pero cada vez los parisinos lograban hacerlos retroceder. El sol se deslizó bajo en el cielo, bañando a los soldados primero en oro, luego en el crepúsculo cuando el anochecer se asentó sobre el paisaje. A lo largo de todo, Juana no dudó. Ella se levantó sobre las edificaciones externas, su pancarta en alto, y los llamó hacia adelante con la voz que habían seguido tantas veces a la victoria.

Con su estandarte blanco volando tan orgullosamente, se convirtió en un blanco perfecto. Un ballestero parisino apuntó con cuidado hacia ella y apoyó la pesada ballesta sobre su hombro.

Luego disparó. El virote cantaba en el aire, algo terrible, pesado, mortal y brutal en su simplicidad. Hubo un ruido de matanza, un corte de piel, y Juana se derrumbó. El virote le había atravesado el muslo. Se derrumbó en la tierra, la sangre brotó de la herida irregular en su pierna del virote de la ballesta que sobresalía cruelmente de su joven piel. Llorando de dolor, de alguna manera todavía logró luchar para sentarse. Observó que sus soldados habían vacilado, e incluso mientras apretaba su herida y sentía su propia sangre tibia deslizándose entre sus dedos, sabía que tenía que devolver la esperanza que había en ellos. Alzando la voz, continuó instándolos a avanzar, y renovaron el asalto.

Sin embargo, no pasó mucho tiempo antes de que Carlos decidiera que la lucha fue inútil. Los hombres habían estado luchando contra las defensas de París durante horas, y estaban exhaustos. Él ordenó un retiro. Juana tuvo que ser llevada físicamente del campo de batalla mientras lloraba porque sus voces le habían dicho que continuara el ataque.

Al día siguiente, Juana, acostada en su cama en La Chapelle con la pierna en alto, le indicó a Carlos que, si atacaba a París nuevamente hoy, la ciudad sería suya. Pero Carlos la había encontrado mucho más fácil de creer cuando era una doncella blindada a caballo, no esta chica pálida y herida que yacía en un lecho de enfermo. Él suspendió el ataque. El asedio de París fue declarado un fracaso, y se convirtió en la primera derrota que sufrirían los franceses desde que Juana de Arco se unió a sus filas.

# Capítulo 15 - Paz

La derrota en París pareció liberar todo el fuego y la energía del rey Carlos una vez más. Aunque la victoria parecía estar tan cerca, tuvo que enfrentarse a un hecho innegable: no podía permitirse el lujo de pagar a sus tropas. Las ciudades que habían capturado apenas habían comenzado a pagar impuestos una vez más; el enorme ejército que Carlos había acumulado para llegar a Reims ahora necesitaba ser pagado, y sus arcas estaban vacías después de años de recaudar impuestos de casi solo Bourges. En cambio, Carlos tuvo que disolver la mayor parte del ejército, enviando a muchos de sus soldados a casa.

El invierno se acercaba rápidamente. Cuando Juana se recuperó de la herida que había recibido en París, las hojas cayeron de los árboles y la primera helada comenzó a inundar el paisaje por la noche. Así, también, el florecimiento del poder de Juana comenzó a desvanecerse. Aunque, según los informes, sus voces nunca la abandonaron, la confianza de Carlos sí. Ya no era el desesperado "rey de Bourges" que Juana había conocido en Chinon hace más de seis meses. No, ahora era rey, un rey que había recibido la unción sagrada y había conquistado más territorio en tres meses de lo que Francia había podido reclamar en años de guerra. De repente, Juana ya no era necesaria.

No se puede decir que Carlos la maltrató durante este tiempo. Parecía ansioso de que ella fuera feliz, proporcionándole todo tipo de lujos, una existencia opulenta que habría sido casi incomprensible para esta chica de campo ordinaria que había crecido entre campesinos. La familia de Juana había sido considerada rica porque siempre tenían algo sobre la mesa para cenar; muchas de las personas con las que creció se habían acostado hambrientas, por lo que aquellos que se consideraban acomodados simplemente tenían sus necesidades cubiertas. Había espacio para la alegría y la diversión, pero no había absolutamente nada para el exceso o el lujo en sus vidas simples. Sin embargo, ahora Juana se encontraba viviendo en una gran mansión, atendida a pies y manos por mujeres que nacían mucho mejor que ella. Le dieron ropa extravagante y le ofreció los mejores manjares que Carlos pudo encontrar para comer. Se hizo un manto dorado para que lo usara sobre su armadura manchada de batalla. Pero nada de esto era lo que Juana quería. Su corazón anhelaba una sola cosa: honrar las voces. Y le dijeron que saliera y derrotara al enemigo que aún controlaba la mayoría de Francia.

Para Carlos y sus asesores, sin embargo, la decisión fue definitiva. Habían creído en Juana cuando no tenían otra opción, pero ahora que se sentían bastante seguros en su posición, ya no confiarían en ella. Nunca más volvería Juana de Arco a la cabeza del ejército. En cambio, podría liderar grupos reducidos en escaramuzas ocasionales, generalmente solo contra los bandidos y saqueadores que plagaron a Francia ahora que un ejército entero repentinamente se encontró sin nada que hacer. Mientras Carlos negociaba treguas con los duques de Borgoña y Bedford, Juana se sentía encerrada, atrapada y acorralada sin ninguna forma de obedecer a los santos que creía que la estaban guiando. Un historiador eligió usar las palabras "languidez mortal" para describir su condición, y probablemente fueron precisas.

Algunos de sus aliados, sin embargo, hicieron un esfuerzo por ayudarla. El duque de Alenzón intentó organizar una campaña en Normandía, pero Carlos se negó absolutamente a permitir que Juana lo acompañara. Desanimado, el duque disolvió sus tropas. Eventualmente, fue el propio Carlos el que le permitió a Juana volver al campo de batalla una vez más. Independientemente de cuánto dolor y preocupación le hubiera hecho pasar a Juana al mantenerla con su corte, parece que Carlos se preocupaba por su bienestar, y finalmente tuvo que enfrentar el hecho de que mantener a Juana fuera del campo de batalla podría estar protegiendo su cuerpo, pero le estaba rompiendo el corazón. Le permitió unirse a una pequeña campaña que recorría Francia y sometía a los pequeños pueblos que quedaban dentro del territorio de Carlos que aún no se habían rendido.

Una de ellas fue la ciudad de St. Pierre-le-Moutier. Era un pueblo pequeño, pero cuando Juana llegó a él con un viejo amigo y comandante militar llamado Jean d'Aulon al mando de sus tropas, inmediatamente presentó una resistencia extenuante. El pequeño ejército de Juana atacó, impulsado por la Doncella que insistió en que la ciudad iba a caer. Sin embargo, parecía que esta batalla sería un eco horrible de lo que había sucedido en París. El ataque fue un desastre. D'Aulon hizo sonar la retirada, llevando a sus tropas a un lugar seguro; él mismo resultó herido, al igual que muchos de sus hombres. Estaba luchando por retirarse con una pierna lesionada cuando notó, para su horror, que Juana no había atendido la orden. En cambio, se puso de pie contra el bombardeo de los defensores prácticamente sola, con solo media docena de hombres valientes que se mantuvieron firmes a su lado.

D'Aulon había sido comandado personalmente por el rey de no permitir que le pasara nada a Juana, por lo que no podía dejarla atrás. Apresurándose hacia ella, gritó, pensando que tal vez ella no había escuchado la orden. "¡Juana, retírate, retírate!", exclamó mientras su ejército avanzaba a la distancia en pánico desmedido. "¡Está sola!"

La cara de Juana estaba radiante cuando se volvió hacia él, como bañada por la luz celestial. Ese brillo de otro mundo estaba en sus ojos azules nuevamente mientras hablaba. "¡Todavía tengo conmigo cincuenta mil hombres!", exclamó, su risa repleta de confianza. "¡Al trabajo, al trabajo!" su voz alzada sonó en todo el campo. Su tono claro parecía despertar al ejército en retirada de su ferviente pánico, y mientras d'Aulon trabajaba junto con Juana para reunir a los hombres, se unieron y renovaron el ataque. Cuando St. Pierre-le-Moutier finalmente cayó después del segundo ataque, debió de sentirse como una redención para Juana después del fracaso en París. Llevó a muchos de sus contemporáneos, e historiadores, a cuestionar si París hubiera caído si Juana hubiera tenido esas pocas horas adicionales que pidió.

De cualquier manera, St. Pierre-le-Moutier sería la última gran victoria de Juana. La paz comenzaba a descender sobre Francia, un tiempo de relativa tranquilidad y alivio para la gente. Pero para Juana, sus días de gloria habían terminado. Su sufrimiento apenas comenzaba.

# Capítulo 16 - Captura

El tratado que Carlos había logrado negociar con los borgoñones duró poco. En la primavera de 1430, la frágil paz se había desintegrado, y los soldados de Borgoña comenzaron a marchar sobre las ciudades francesas una vez más. El plan del duque de Borgoña era apoderarse de los pueblos y ciudades a lo largo del río Oise, protegiendo así a París de otro intento del ejército francés: sabía que la ciudad había estado peligrosamente cerca de desplomarse.

Una de estas ciudades, y una de las primeras que planeaba asediar, fue Compiègne. Era un pueblo pequeño y no completamente fortificado, pero sus habitantes habían declarado su lealtad al rey Carlos VII poco después de su coronación; ahora, el duque de Borgoña estaba decidido a reclamarlo. Emitió una carta al cuartel de la ciudad, dándoles un duro recordatorio de que, legalmente, la ciudad le pertenecía. No era una amenaza vacía, pero era una amenaza que no intimidaba a los ciudadanos de Compiègne. En lugar de someterse al duque de Borgoña, se prepararon para la guerra.

Juana sabía ya en marzo de 1430 que el peligro aguardaba a Compiègne; si sus voces le habían contado al respecto o si se había enterado por medios más terrenales, no está claro. De cualquier manera, ella sabía que tenía que hacer algo. Carlos se negó a darle tropas para comandar; fue algo duro para una mujer que una vez había liderado todo el ejército, pero parecía que Carlos estaba satisfecho con las victorias que habían ganado y no deseaba apostar más de su poder sobre Juana y sus visiones. Pero ella estaba lejos de ser impotente. Ella seguía siendo una de las mujeres más famosas de la época, y los franceses se unirían a su alrededor, con o sin el rey. Para abril, había reunido a varios cientos de hombres y los había llevado a Compiègne a principios de mayo, probablemente sin el conocimiento del rey.

Durante tres semanas, Juana residió en la ciudad, disfrutando de su nueva libertad. A pesar de que ella siempre había honrado a Carlos como su rey, incluso cuando aún no era rey, su obediencia a sus voces era más importante para ella que cualquier otra cosa. En cualquier caso, Carlos no había tratado de detenerla. Tal vez él creía que ella estaba relativamente segura en Compiègne, aunque él envió algunos refuerzos allí, por lo que era evidente que sabía que Borgoña atacaría la ciudad.

Las tropas de Borgoña ya habían acampado alrededor de la ciudad cuando Juana y sus tropas arribaron. Se habían deslizado al amparo de la oscuridad y, a medida que pasaban las semanas, los borgoñones seguían apretando el nudo. Mientras tanto, Juana y el comandante de la ciudad, Guillaume de Flavy, estaban trabajando juntos en un plan para liberar a Compiègne. Implicaba una salida contra los campamentos de Borgoña con el plan de retirarse de nuevo a Compiègne si fuera necesario, pero el objetivo era derrotar a los borgoñones para que no fuera necesario un retiro.

El plan se puso en práctica el 24 de mayo. Juana condujo al ejército a última hora de la tarde, una figura deslumbrante y resplandeciente brillaba en su jubón dorado, y los bordes fluían sobre las patas de su semental mientras su caballería galopaba tras ella hacia el primero de los campamentos. Pero estaban gestándose los problemas. Había llegado una fuerza inglesa para ayudar a

Borgoña, y se dirigía rápidamente hacia la ciudad, hacia Juana y su pequeño ejército.

De vuelta en el camino elevado que conducía a Compiègne, Guillaume de Flavy y sus hombres fueron los encargados de proteger el camino para garantizar que la caballería pudiera retirarse de manera segura si fuera necesario. Observaron con inquietud cómo Juana lideraba su embestida. Llegando a las filas de los borgoñones, liderados por esa bandera blanca, los franceses se estrellaron contra sus enemigos; desde el bulevar cerca de las murallas de la ciudad, los cañones gritaron, su fuerte estallido llenó el dulce aire primaveral, y los ingleses que llegaban fueron arrojados por fuego pesado.

Pero también lo fue Juana. Su caballería fue empujada hacia atrás y forzada a retirarse en una corta distancia para reagruparse. Varios de sus hombres volvieron la vista hacia el acogedor camino abierto de regreso a la ciudad, custodiados por un puente levadizo y un pórtico elevado. Pero Juana pronto dejó de pensar en retirarse. Al decir que la victoria era segura, blandió su estandarte y colocó espuelas en su caballo. Renovaron su ataque, se colocaron contra los borgoñones y esta vez salieron victoriosos.

Sin embargo, cuando la primera línea de borgoñones se derrumbó, otro campamento galopaba en su ayuda. Juana hizo girar a su caballería justo a tiempo para enfrentarlos. Ella y sus hombres se encontraron en apuros en ambos lados, luchando brutalmente contra sus atacantes; Juana siempre estaba en el centro de todo, nunca atacaba, pero siempre sostenía su estandarte y gritaba aliento a cualquiera que pudiera escucharla.

Sin embargo, esta vez, no fue suficiente. Los refuerzos ingleses comenzaban a abrirse paso. Ola tras ola de enemigos se precipitó sobre los soldados de Juana, y su coraje comenzó a fallar frente a un número abrumador de enemigos. Eran ampliamente superados en número, y Juana lo notó. Mantuvo la calma, reuniendo a sus hombres con gritos de aliento, sabiendo que su plan había permitido un retiro si era necesario. Ella ordenó la retirada, y sus hombres balancearon sus caballos y los condujeron hacia su casa. Los caballos no necesitaban que se les ordenara dos veces. Regresaron corriendo hacia Compiègne, todos excepto el semental de Juana. Retenido, luchó y se sucumbió, queriendo seguir a sus aliados, pero Juana lo sostuvo adentro, su estandarte se rompió sobre su cabeza, su única protección. Solo lo dejó ir una vez que cada uno de sus hombres sobrevivientes se habían separado de la batalla. Luego siguió en la retaguardia de sus tropas, manteniéndose entre ellos y el enemigo, como siempre había estado al frente de cada ataque.

Galoparon hacia Compiègne, los cascos de sus caballos resonaban en la carretera elevada. Estaba muy cerca. La seguridad estaba a solo unos pocos metros de distancia, con el primero de los hombres de Juana llegando al puente levadizo. Ella misma estaba en el camino, cruzando el puente, cuando Guillaume de Flavy exclamó una orden para cerrar el puente levadizo. Los borgoñones estaban pisándole los talones a los franceses, y él creía que cerrar la ciudad era la única forma de salvarla. O tal vez su traición fue intencional; la verdadera historia detrás de sus acciones se ha perdido en el tiempo. Sin embargo, de cualquier manera, sabemos una cosa. El puente levadizo se cerró de golpe. El rastrillo cayó a la tierra. Y Juana de Arco, la heroína de Francia, estaba atrapada. Detrás de ella, tenía una horda de enemigos furiosos decididos a derrotar a esta bruja y, frente a ella, una puerta cerrada por sus propios aliados.

Un grupo de la guardia personal de Juana se había quedado cerca de ella, y ahora se volvieron para enfrentarse al grupo de borgoñones que los atacaba. Era una pelea que sabían que iban a perder, incluso sabiendo que no tenían más remedio que luchar. Uno por uno, fueron cortados, masacrados por sus enemigos, hasta que solo quedó Juana. Dio la vuelta a su caballo, tratando de encontrar un camino seguro, pero no había ninguno. Fue un rudo arquero borgoñón quien la alcanzó primero, un hombre burlón, con el rostro repleto de odio al ver a esta mujer que había hecho lo que nadie más había podido hacer. Antes de que Juana pudiera escapar, él tomó su reluciente jubón dorado y tiró de ella. La arrancaron de la silla de montar y la estrellaron contra la tierra, su armadura estaba abollada y manchada de polvo, sin aliento tras el golpe de su caída.

\* \* \* \*

A Juana no le quedaba más remedio que rendirse. Fue capturada inmediatamente y arrastrada desde el campo de batalla por sus enemigos. Si bien Compiègne había sido defendida y estaba a salvo de Borgoña por el momento, la batalla difícilmente podría considerarse una victoria. El arma más letal que Francia había tenido durante la Guerra de los Cien Años, uno de los comandantes militares más singulares, más improbables y, sin embargo, más exitosos que había conocido se había perdido. Se había ido, llevada al cautiverio, perdida en Francia. Y no pasaría mucho tiempo antes de que ella también se perdiera en este mundo.

# Capítulo 17 - Cautiva

Juana fue llevada al cercano castillo de Beaurevoir, donde debía comenzar su largo cautiverio. No fue algo inesperado para ella. A principios de abril, testificó que Santa Catalina y Santa Margarita la habían visitado y le indicaron que pronto sería capturada y obligada a soportar un largo e infeliz encarcelamiento. Juana les rogó que lo hicieran de otra manera, para permitir que la mataran en la batalla en lugar de enfrentarse a estar atrapada en una fortaleza enemiga, pero las voces eran implacables. Dijeron que Dios la ayudaría, pero no había otra manera. Ella iba a convertirse en prisionera.

Y ahora, como prisionera que era, quizás la prisionera más valiosa en la historia de la Guerra de los Cien Años, a pesar de que reyes y príncipes se habían encontrado tras las rejas en algún momento durante su curso desdichado y complicado. Valiosa como era, sin embargo, no fue tratada correctamente. Décadas atrás, el rey Juan II de Francia había sido encarcelado en Inglaterra; le habían otorgado una vida lujosa con músicos de la corte y un hogar confortable para llamarlo suyo. Ninguno de estos privilegios se le otorgó a Juana. Durante mucho tiempo había sido vista con extrema sospecha, y ahora que estaba en manos de sus enemigos, no iban a tratarla con nada más que la dureza que sentían por una hechicera.

Es un hecho triste y amargo que Juana no tenía esperanzas de rescate. Había cambiado efectivamente a Carlos de un Delfín desesperado, a punto de huir a Escocia para vivir una vida en el exilio deshonrado, al rey de Francia que comandaba un ejército y controlaba gran parte de su país una vez más, sin embargo, no le ayudaría de ese cautiverio. Carlos se enteró de su captura, pero se desentendió. Escribió algunas cartas amenazadoras a Inglaterra y Borgoña durante el cautiverio de Juana, pero no tomó ninguna medida. No hubo ningún intento de rescatarla, y Carlos no reunió a su ejército e intentó tomar el castillo donde la mantenían. Sus acciones apuntaban al abandono; su actitud de ingratitud.

Mientras tanto, Juana estaba atrapada en la torre de Beaurevoir, a la que constantemente asistía un guardia masculino. Esto inmediatamente comenzó a plantear un problema. A pesar de que Juana se comportó con modestia en todos los sentidos, seguía siendo una mujer, una mujer joven, hermosa y bien formada, y comenzó a atraer atención no deseada casi de inmediato. Es difícil comprender exactamente lo duro que debe haber sido este cautiverio para Juana. Había crecido en un pequeño pueblo que se enorgullecía de su fe católica, un lugar formado por granjeros y comerciantes que se conocían y se habían conocido por generaciones, un lugar demasiado pequeño para el escándalo. Entonces ella había sido la doncella, la virgen que iba a salvar el reino, venerada y tratada siempre con respeto. Ahora era solo una prisionera, y se encontró a sí misma teniendo que luchar contra las insinuaciones lascivas de sus guardias y visitantes, esforzándose al máximo por mantenerse pura de la forma en que había prometido a su Dios que lo haría.

En su desesperación, Juana recurrió a la misma defensa que había empleado en su viaje a Chinon: la ropa de hombre. Las ajustadas calzas de la época, metida en las botas, era al menos algo de protección contra aquellos que pensarían en violarla. Aunque sus captores a menudo intentaban persuadirla de lo contrario, ella se negó a usar un vestido de mujer. En una época en la que nunca se veía a las mujeres usar ningún tipo de pantalón, era escandaloso, extraño e incluso, para algunos ojos, un acto de pecado. Sin embargo, para Juana, era un intento de pánico de mantener su pureza.

Entre su temor por su virginidad y su preocupación por cómo iban las cosas en el resto de Francia, Juana fue llevada a extremos en sus intentos de escapar de Beaurevoir. Su primer intento se realizó tan pronto como el 6 de junio, cuando logró cerrar la puerta con el guardia en la torre e intentó huir. Su plan se vio frustrado cuando un portero se topó con ella en ese momento y logró recapturarla.

Su siguiente y más peligroso intento se produjo en octubre, poco después de la visita de un caballero desalmado que hizo todo lo posible por agravarla.

\* \* \* \*

La misma torre donde Juana había tratado de encerrar a su guardia era su prisión. Solo se le permitía una pequeña libertad: caminar alrededor de la parte superior de la torre y contemplar el campo entre las almenas. Estaba a más de dieciocho metros del suelo, y no había forma de descender: solo la caída escarpada por las paredes hasta el suelo rocoso. Una mañana, mientras Juana estaba de pie en el frío aire otoñal, contempló el precipicio y un pensamiento llenó su mente.

Incluso ahora, abandonada y encarcelada, Juana no tenía intenciones de quitarse la vida. Pero una esperanza audaz comenzó a latir en su pecho. Si ella, una joven campesina, pudo levantar en solo días un asedio que había durado tres cuartos de año, seguramente escapar de esta torre no era un milagro imposible. Se acercó a las almenas y subió a la pared baja, manteniendo las manos apoyadas contra las almenas a cada lado de ella. La caída se abría debajo de ella, pero no lograba asustarla. Tal vez si saltara, pudiera correr, desaparecer en el campo y encontrar el camino de regreso a sus hombres.

Más tarde, Juana contaría cómo habían llegado sus voces en ese momento y le rogaron que no saltara, instándole que no era la voluntad de Dios. Pero esta era la única vez en que ella elegiría ignorarlos. Juana saltó. El viento aullaba contra ella, enganchando su cabello en crecimiento, gritando en sus oídos mientras el suelo se acercaba cada vez más.

Golpeó el suelo con una fuerza que la dejó sin sentido. El impacto debería haberla matado. En cambio, Juana escapó con solo una conmoción cerebral y algunos rasguños y contusiones; cada hueso de su cuerpo todavía estaba completamente intacto.

\* \* \* \*

En noviembre de 1430, poco después de su intento de fuga, Juana fue vendida como un objeto. Los borgoñones todavía estaban aliados con los ingleses, y después de meses de negociaciones, acordaron venderla a sus amigos ingleses por la suma de 10.000 *livres tournois*. Fue enviada sin ceremonias a Ruan a finales de diciembre, luego a una fortaleza de dominio inglés en Francia, y fue aquí donde su cautiverio comenzó a empeorar.

Mientras la mantenían en una celda de la torre en lugar de la mazmorra, Juana todavía tenía que lidiar con el frío, la oscuridad, la humedad y las plagas, y esto no era solo en forma de ratas. Los guardias ingleses eran incluso peores que los borgoñones. Juana estaba aterrorizada por ellos y, para empeorar las cosas, no se podía caminar libremente en Ruan como lo había hecho en Beaurevoir. Tal vez debido a sus intentos de fuga, Juana ahora estaba retenida no solo en una celda sino también en cadenas. Sus piernas estaban encadenadas entre sí y a su cama; las cadenas estaban tan apretadas que no podía caminar sin ayuda. Para una mujer joven que nunca había conocido otra cosa que libertad, este tratamiento debe haber sido completamente intolerable. Había crecido corriendo por los campos de Domrémy y luego vivió a la vanguardia del ejército de Carlos, montando un semental a través de la inmensidad de Francia;

sin embargo, ahora era como un castigo moverse solo de su cama a la celda de al lado, que servía como su vulgar y apestoso inodoro.

Para empeorar las cosas, los ingleses, a pesar de todas sus leyes, estaban decididos a acosar a Juana en todo lo que pudieran encontrar. Las prisioneras solían ser mantenidas en un convento en lugar de una celda, donde las vigilaban monjas y nunca las ataban. Los prisioneros de guerra, por otro lado, fueron tratados con la misma severidad que Juana. Sin embargo, al menos los prisioneros de guerra tenían la leve esperanza de ser liberados una vez que terminara la guerra.

No habría nada de esta esperanza para Juana. Poco después de su llegada a Ruan, se hizo evidente que los ingleses no tenían intenciones de liberarla. Iban a juzgarla. E iban a ejecutarla, fuese el juicio justo o no.

# Capítulo 18 - Una Santa Juzgada por Herejía

*Ilustración VIII: El interrogatorio de Juana por el cardenal de Winchester*

Todo sobre el juicio de Juana fue tendencioso e injusto.

Para empezar, no había motivos para comenzar un juicio eclesiástico. Gran parte de su juicio fue registrado, y los documentos al respecto han sido estudiados ampliamente por todo tipo de expertos a lo largo de los siglos, y sin embargo ninguno de ellos pudo encontrar evidencia que justificara, en las leyes de esa época, la decisión de someterla a juicio. De cualquier manera, fue llevada a juicio, y fue evidente de inmediato que no se trataba de un juicio real. Fue simplemente un intento de desacreditar a Juana tanto como fuese posible antes de su inevitable ejecución.

La corte que se reunió para juzgar a Juana estaba compuesta casi en su totalidad por ingleses, borgoñones y sus simpatizantes. Aquellos que se atrevieran a cuestionar la agenda del juicio fueron secretamente amenazados de muerte si se negaban a cumplir. Para empeorar las cosas, muchos de los documentos involucrados en el juicio de Juana fueron falsificados para garantizar que no pudiera ganar. Y el último golpe fue rechazarle a Juana cualquier forma de representación legal. Ella se representó a sí misma. No tenía otra opción.

Sin embargo, pronto se volvería evidente para los captores de Juana que esto no era un problema tan grave para ella como esperaban que fuera. La doncella de Francia estaba a punto de sorprender a todos a su alrededor una vez más. Una última vez.

\* \* \* \*21 de febrero de 1431. Solo habían pasado un par de meses desde que llevaron a Juana a Ruan, y ya se encontraba ante la corte, enfrentando una sala repleta de enemigos sin un solo aliado que acudiera en su ayuda. Había sido abandonada por todos, todos menos sus voces y, sin embargo, de alguna manera, parecían ser suficientes para ella. Entró en la habitación completamente serena, y eso fue lo primero que puso nerviosa a la corte. Probablemente nunca habían visto a Juana en sus vidas; esperaban que estuviese temblando de miedo, algo asustada y temblorosa al ser una chica que solo tenía respuestas desorientadas y tambaleantes. Después de todo, solo era una campesina analfabeta.

En cambio, al entrar en la habitación, Juana se mostró con la humildad de un santo, pero con la confianza de una reina. Le dirigió una mirada fija a la habitación con sus inusuales ojos azules, y al instante pudieron ver que no tenía miedo. Para empeorar las cosas, sabían (aunque probablemente ella no), que ya se había realizado una investigación preliminar y se entrevistó a personas de su pasado para determinar su carácter. Nadie había podido decir nada en contra de ella, por lo que los ingleses sabían que iban a tener que dejarlos fuera para encontrar algún tipo de justificación para su muerte.

El obispo Pierre Cauchon le hizo la primera pregunta a Juana, una rutina sobre el juramento bajo el cual ella testificaría. "¿Juras decir la verdad en respuesta a las preguntas realizadas?", preguntó.

Juana lo miró con ojos firmes. Había esperado que murmurara mansamente un sí. En cambio, su respuesta fue tan valiente como la del examen en Poitiers. "No sé en qué desea examinarme", mencionó con calma, sabiendo muy bien que nadie podía probar realmente por qué estaba en juicio. "Tal vez podría preguntar cosas que yo no diría".

Esto establecería el tono para todas las respuestas de Juana durante el juicio. Ella se negó a aceptar el juramento y, en consecuencia, se negó a dar respuestas completas durante gran parte del juicio también. Con respecto a sus santos y voces, ella describiría quiénes eran y lo que habían dicho con claridad, pero se negó a entrar en demasiados detalles sobre su apariencia, diciendo que no tenía permiso para revelar todo sobre ellos. En cuanto a su audiencia con Carlos, ella se negó absolutamente a compartir los detalles confidenciales de su primera reunión. "Pregúntele", le dijo a la corte con valentía.

Pero no habría que preguntarle a Carlos. Carlos no asistiría a ninguno de los juicios. Juana estaba sola ante algunos de los teólogos más prestigiosos del mundo y, sin embargo, no se desanimó en absoluto.

El primer día de su juicio, sus fiscales le indicaron que, si intentaba escapar de Ruan, como había seguido intentando, sin inmutarse por su experiencia cercana a la muerte en Beaurevoir, sería condenada inmediatamente por herejía. Juana rechazó esta declaración de inmediato, sabiendo que era ilegal. Ella continuaría negándose a jurar decir la verdad en todos los aspectos, aunque fue muy comunicativa con mucha información sobre las voces.

Durante los siguientes días, Juana sería interrogada todos los días en algo que se parecía más a un interrogatorio que a un juicio. Todos los días discutía con el tribunal sobre el juramento, y todos los días el tribunal intentaba un nuevo ángulo para demostrar que sus voces no eran más que una alucinación, una manifestación psicológica de una peculiaridad fisiológica que surgió como resultado de sus hábitos o de su salud. Hasta el día de hoy, aunque muchos expertos en el campo de la medicina han estudiado su caso, todavía no se puede afirmar de dónde provenían estas voces. Era demasiado robusta para haber sufrido una de las enfermedades típicas de la época y demasiado lúcida para haber tenido una enfermedad mental reconocible.

Juana testificó que las voces seguían con ella y que una le había hablado el mismo día de una de sus sesiones, diciéndole que respondiera con valentía; "Dios te ayudará". Y audazmente ella respondió, algunas veces criticando a sus interrogadores diciéndoles que no tenía nada que decirles o describiendo eventos o visiones con una claridad y calma que nadie podría haber esperado. Fue interrogada sobre todos los aspectos de su vida, desde las profecías que la rodeaban hasta las visiones que experimentó, sus campañas y sus relaciones con los demás. También se le hicieron preguntas teológicas, algunas de ellas tan complejas que se pensó que ningún campesino debería poder responderlas, ya que muchos teólogos no podían hacerlo.

Una de ellas fue "¿Usted sabe si está en la gracia de Dios?" En la Iglesia católica, esta fue una pregunta capciosa; responder "sí" se consideraría orgulloso y presuntuoso, mientras que responder "no" sería tan correcto como una confesión de pecar. La respuesta de Juana fue instantánea y sin dudarlo, y sorprendió a toda la corte. "Si no lo soy, que Dios me coloque allí; si lo soy, que Dios me guarde", respondió ella. Su respuesta dejó a sus interrogadores sin palabras.

De hecho, Juana a menudo respondió con una sabiduría y comprensión que sorprendió a la corte, y su juicio se convirtió en una vergüenza para los ingleses. Ya no se podía celebrar públicamente; en cambio, desde mediados de marzo en adelante, fue interrogada en prisión.

Entonces el juicio comenzó a empeorar. Aunque Juana no titubeó, comenzó a darse cuenta de que, independientemente de lo que respondiera, sería condenada. Ella comenzó a advertir a los fiscales que, si la juzgaban mal, Dios sería su protector. Presentada en su común forma tranquila y con sus ojos penetrantes, debe haber sido desconcertante. Pero los jueces estaban ganando terreno, comenzando a encontrar algo sobre lo que pudieran condenarla. No pudieron encontrar evidencia para acusarla de bruja, pero una cosa era innegable. Juana se había vestido frecuentemente como hombre. De hecho, parada en la corte misma, estaba vestida como un hombre mientras la interrogaban. Durante ese período, el travestismo se consideró un crimen atroz y un signo de herejía.

Por mucho que tanto Juana como los testigos que el tribunal cuestionó, entre ellos el propio Jean de Metz, argumentaron que vestirse como un hombre simplemente había sido una precaución razonable y normal, el tribunal reconoció que finalmente se había apoderado de algo que podía condenarla. A pesar de que Juana protestó porque solo llevaba puesta sus calzas en un intento por evitar la violación de sus guardias, el tribunal no hizo ningún intento por defender su virginidad. En cambio, después de semanas de juicio, el tribunal finalmente tomó una decisión. Juana fue encontrada culpable de travestismo. Y ella fue sentenciada a muerte.

# Capítulo 19 - La Quema de Juana de Arco

"A medida que el perro vuelve a su vómito", indicaba la sentencia de muerte, "usted ha vuelto a sus errores y crímenes".

La calma de Juana se rompió, pero su convicción no. Las lágrimas cayeron por sus mejillas mientras escuchaba al obispo leer su sentencia de muerte. En un momento de lo que vio como debilidad, había confesado herejía el día anterior, pero rápidamente había renunciado a su confesión, y ahora era el 30 de mayo de 1431 y estaba a punto de ser quemada en la hoguera.

Ella continuó escuchando mientras el obispo leía su oración. La estaca estaba preparada, la leña yacía sobre su base. Ochocientos soldados la rodeaban armados hasta los dientes; incluso ahora, aún temían el poder de Juana de Arco.

"Decidimos", continuó el obispo, "que es un hereje reincidido, por nuestra sentencia actual que, asentado en un tribunal, proferimos y pronunciamos en este escrito; la denunciamos como un miembro corrompido..."

Juana rezó en voz baja para sí misma, alzando la mano hacia su pecho para sentir la pequeña y dura forma de una pequeña cruz de madera que uno de los soldados ingleses le había hecho, probablemente por la madera con la que estaba a punto de quemarse. Su forma la tranquilizó un poco, permitiéndole permanecer en silencio y escuchar el resto de su oración.

Luego fue conducida al fuego. Fue seguida de cerca por Fray Martin Ladvenu, su confesor; llevó consigo el crucifijo de la iglesia local, que ella le había rogado que trajera para poder mirar el rostro de su amado Jesús mientras se quemaba. Lloró constantemente y se lamentó mientras estaba atada a la estaca, pero no se resistió. Y luego, sin más preámbulos, el fuego se encendió debajo de ella. Las llamas fueron consumiendo la madera, rugiendo cada vez más alto, más cerca de sus pequeños pies donde estaba parada en la estaca. Llevaba un vestido de mujer, pero su cabello todavía no era del largo habitual del período; caía, suelto y oscuro sobre sus hombros mientras mantenía sus ojos fijos en el crucifijo. Las llamas seguían aumentando, y cuando se levantaron, le rogó a Martin que levantara el crucifijo cada vez más alto. Él lo levantó, viendo las llamas reflejadas en sus brillantes ojos azules. Apenas parpadeó, incluso cuando el humo la envolvió.

"¡Jesús!" Fue un grito de ayuda o una súplica de piedad; nadie podría decirlo con certeza, pero su absoluta desesperación era innegable. "¡Jesús!", gritó de nuevo, sus ojos llenos de lágrimas todavía fijos en la cruz. "¡Jesús!"

Los espectadores estaban llorando; los soldados ingleses se quedaron llorando mientras observaban a Juana arder, las llamas se alzaban para cubrir su cuerpo, subían por los bordes de su vestido y le quemaban los brazos y las piernas.

"¡Jesús!", exclamó Juana. "¡Jesús!"

Hubo un momento de silencio. Juana ya estaba escondida en las llamas, en el corazón mismo del resplandor parpadeante. Luego vino un último grito. Era ruidoso y resonante, y había algo más que miedo en él. Algo que podría haber sido reconocimiento o incluso alegría.

"¡Jesús!"

Y entonces Juana de Arco murió.

\* \* \* \*

Cuando el fuego se apagó, los ingleses se aseguraron de examinar el hollín, buscando cenizas humanas para comprobar que Juana estaba muerta, que no habría regreso de la heroína más grande de Francia. Cuando encontraron sus cenizas, las llevaron al río Sena, donde fueron arrojadas descuidadamente al agua. Flotando y deslizándose dentro de las olas, estos pequeños copos grises fueron todo lo que quedó en la tierra de esta persona brillante y audaz. Su voz pura y aguda. Sus penetrantes ojos azules. Su postura recta sobre un caballo, la determinación firme con la que blandía su estandarte. Todo se había ido, ahora era solo un poco de polvo gris arrastrado por la corriente del Sena.

Pero Juana creía que este no era el final de la historia. Ella creyó, y le afirmó a fray Martin, que estaría en el paraíso por la gracia de Dios. Ella creía que estaría cantando y bailando en el cielo ese día con el Dios en el que confiaba. Y después de todo lo que había sufrido, después de la guerra que no había pedido, la traición que había sufrido y el encarcelamiento que tuvo que soportar, todavía creía que la eternidad que anhelaba valdría la pena.

# Conclusión

*Ilustración IX: Monumento a Juana de Arco, París*

En los años posteriores a la muerte de Juana de Arco, Carlos VII continuaría gobernando sobre Francia, y se convirtió en un rey capaz que estableció uno de los primeros ejércitos permanentes en el mundo medieval. Este movimiento no solo aparecería como la primera sentencia de muerte de la era de la caballería, que eventualmente terminaría con la Edad Media, sino que también terminó con su victoria sobre Inglaterra en la Guerra de los Cien Años. Dos décadas después de la muerte de Juana, la guerra habría terminado. Francia obtuvo una victoria decisiva, y los ingleses fueron conducidos de regreso a Gran Bretaña, forzados a abandonar las fronteras de Francia para siempre en 1453.

El nombre de Juana aún permanecía en cada par de labios del reino, a pesar de que sus cenizas se habían disuelto en el Sena desde hacía mucho tiempo. Si bien la guerra fue ganada por un gran comando militar durante los últimos años del reinado de Carlos, nadie pudo negar entonces, o puede negar ahora, que la aparición de Juana de Arco provocó lo que podría considerarse un cambio milagroso en la guerra. Antes de que ella llegara a Chinon, Francia sin duda estaba perdiendo la guerra; para los ingleses y para el propio Carlos, parecía ser solo cuestión de tiempo antes de que Francia perdiera. Sin embargo, Francia no perdió. Ganó la guerra, y solo comenzó a ganar cuando una desconocida campesina adolescente llegó a la corte del rey y lo convenció de que Dios la había enviado para salvar a su país.

A pesar de que Juana sigue siendo una de las figuras más estudiadas de la Edad Media, los científicos aún no han podido determinar la causa de sus visiones. Cualquiera que fuera su causa, la convirtieron en una de las figuras más legendarias de Francia, un símbolo de la identidad nacional del país, y una de las primeras mujeres guerreras que comenzarían a cambiar el rumbo en un mundo dominado por hombres.

En 1452, mucho después de su muerte, pero antes de que la guerra terminara oficialmente, la madre de Juana solicitó un nuevo juicio. Ella sabía muy bien que su hija había muerto injustamente, y no podía soportar ver a Juana pasar a la historia como una hereje. El papa Calixto III aceptó el juicio, y después de tres años de investigación, el nombre de Juana fue limpiado en 1456. En cambio, el obispo que la había juzgado, Pierre Cauchon, fue declarado culpable de herejía por perseguirla debido a su agenda política.

En los años que siguieron, se erigieron múltiples estatuas y otros monumentos a Juana. Algunos de los lugares que jugaron un papel clave en su vida, como su lugar de nacimiento y la torre en Ruan donde fue encarcelada, todavía existen y se han convertido en importantes atracciones turísticas. Estatuas de su figura en París y Orleans, entre otros. Se han escrito múltiples libros y películas sobre ella, incluida una famosa biografía de Mark Twain.

Juana también ha sido objeto de algunas teorías interesantes, algunas de las cuales la celebran como un genio, otras la llaman demente, pagana o simplemente un mito. Una cosa que sigue siendo segura es que Juana es una figura misteriosa, y muchas preguntas sobre su vida aún quedan sin respuesta por la historia y la ciencia. Para la fe cristiana, ella es un símbolo de lo que Dios puede hacer a través de personas simples y comunes.

Este hecho se demostraría hace poco más de cien años cuando Juana fue oficialmente canonizada en 1909, 497 años después de su nacimiento. Se hizo conocida como Santa Juana, la santa patrona de Francia. Ahora, un día festivo se ha dedicado a ella, así como una fiesta nacional; muchas canciones de la Primera Guerra Mundial la mencionaron y hablaron de su historia, e incluso hoy, ella sigue siendo un símbolo de esperanza e inspiración.

Aun así, existe tragedia en la historia de Juana. En sus propias palabras, ella nunca había pedido ser una doncella guerrera. Todo lo que quería era una vida simple y ordinaria hilando lana en la pequeña y aburrida Domrémy. En cambio, tuvo que soportar batallas y traiciones, juicios y ejecuciones, falsedades y dudas. Moriría con una horrible y dolorosa muerte de mártir a la edad de solo diecinueve años, condenada por la misma iglesia a la que sirvió tan fervientemente. Y, sin embargo, según Juana, ella sabía lo que se avecinaba. Había entrado en su propia muerte con los ojos abiertos, impulsada por su apasionada devoción a su fe y a Francia.

Juana era muchas cosas: misteriosa, decidida, enigmática, fiel e indudablemente un poco inusual. Sin embargo, un aspecto se destaca a lo largo de su historia, recorriendo el tapiz de su vida como un hilo dorado. En una guerra iniciada por la avaricia, cuando un rey hambriento de poder decidió que un reino simplemente no era suficiente, las acciones de Juana estaban marcadas por el desinterés. Una y otra vez, eligió un curso que a menudo resultaba en dolor e infelicidad para sí misma. Si no lo hubiera hecho, Francia nunca habría ganado la guerra. Y la historia hubiera sido muy diferente.

# Fuentes

*La Guerra de los Cien Años: Una Cautivadora Guía de los Conflictos entre la Casa Inglesa de Plantagenet y la Casa Francesa de Valois que tuvo lugar durante la Edad Media*, Historia Cautivadora, 2018.

https://en.wikipedia.org/wiki/Bede

https://www.jeanne-darc.info/biography/prophecies/

https://en.wikipedia.org/wiki/Hundred_Years'_War

Ilustración I: por Arnaud 25 - Trabajo propio, CC BY-SA 4.0. https://commons.wikimedia.org/w/index.php?curid=53420390

https://en.wikipedia.org/wiki/Bible_translations_into_French#Chronological_list

https://www.historytoday.com/richard-cavendish/joan-arc-born-domr%C3%A9my

https://sites.google.com/site/byuhistory201group6/group-project/the-lancastrian-phase

https://en.wikipedia.org/wiki/Treaty_of_Troyes

https://www.encyclopedia.com/history/modern-europe/treaties-and-alliances/treaty-troyes

http://movies2.nytimes.com/books/first/g/gordon-joan.html

https://en.wikipedia.org/wiki/Carlos_VI_of_France#English_invas
ion_and_death

https://en.wikipedia.org/wiki/Henry_VI_of_England

https://www.jeanne-darc.info/biography/visions/

https://www.thoughtco.com/medieval-child-teens-at-work-and-play-
1789126

https://en.wikipedia.org/wiki/Catherine_of_Alexandria

https://en.wikipedia.org/wiki/Margaret_the_Virgin

https://injoanofarcsfootsteps.com/articles/tag/robert-de-
baudricourt/

https://en.wikipedia.org/wiki/Robert_de_Baudricourt

Ilustración II: Por la vida de Juana de Arco, vol. 1 y 2, Anatole
Francia; http://www.gutenberg.org/etext/19488, Dominio público.

https://commons.wikimedia.org/w/index.php?curid=1553037

http://www.maidofheaven.com/joanofarc_vaucouleurs.asp

https://en.wikipedia.org/wiki/Battle_of_the_Herrings

https://www.stewartsociety.org/history-of-the-
stewarts.cfm?section=battles-and-historical-
events&subcatid=1&histid=506

https://en.wikipedia.org/wiki/Carlos_VII_of_France#King_of_Bo
urges

https://medium.com/interesting-histories/interesting-histories-joan-
of-arc-7512922e41d0

Ilustración III: por Andrew C.P. Haggard (1854–1923)
modificado y coloreado por Rinaldum - fuente original: Andrew
C.P. Haggard: Francia de Juana de Arco Nueva York John Lane
Company 1912 transferido a los Comunes de fr: Imagen: Portrait
jeanne d'arc.jpg, que fue tomada de lib.utexas.edu (la fuente
original de la imagen estaba aquí, versión archivada), Dominio

público.

https://commons.wikimedia.org/w/index.php?curid=94591

http://www.maidofheaven.com/joanofarc_quote_I_am_not_afraid.asp

https://www.jeanne-darc.info/trials-index/the-examination-at-poitiers/

http://www.indiana.edu/~dmdhist/joan.htm

http://archive.joan-of-arc.org/joanofarc_short_biography.html

Ilustración IV: por Jules Eugène Lenepveu (1819-1898) - publicado en en.wiki aquí por el usuario: Gdr, tomado de http://194.165.231.32/hemma/mathias/jeannedarc/lenepveu2.jpg, dominio público.

https://commons.wikimedia.org/w/index.php?curid=803067

https://en.wikipedia.org/wiki/Siege_of_Orl%C3%A9ans#Assault_on_the_Tourelles_2

https://www.thoughtco.com/hundred-years-war-siege-of-orleans-2360758

http://www.joan-of-arc.org/joanofarc_life_summary_orleans2.html

https://www.history.com/topics/middle-ages/siege-of-orleans

http://www.joan-of-arc.org/joanofarc_life_summary_victoire.html

http://www.maidofheaven.com/joanofarc_patay_battle.asp

https://www.thoughtco.com/hundred-years-war-battle-of-patay-2360756

https://www.sparknotes.com/biography/joanofarc/section5/

Ilustración V:
https://commons.wikimedia.org/wiki/File:Troyes_Rue_Linard_Gonthier_R01.jpg

http://joan-of-arc.org/joanofarc_life_summary_rheims.html

https://www.cs.mcgill.ca/~rwest/wikispeedia/wpcd/wp/j/Joan_of_Arc.htm

Ilustración VI:

https://en.wikipedia.org/wiki/Joan_of_Arc_at_the_Coronation_of_Carlos_VII

http://www.maidofheaven.com/joanofarc_reims_coronation.asp

https://en.wikipedia.org/wiki/Reims_Cathedral

http://jean-claude.colrat.pagesperso-orange.fr/2-sacre.htm

Ilustración VII:

Por anónimo: esta imagen proviene de la Biblioteca digital de Gallica y está disponible con la identificación digital btv1b105380390 / f144, Dominio Público.

https://commons.wikimedia.org/w/index.php?curid=16973390

https://www.catholic.org/saints/saint.php?saint_id=120

http://www.maidofheaven.com/joanofarc_paris.asp

https://www.sparknotes.com/biography/joanofarc/section7/

https://www.revolvy.com/page/Siege-of-Paris-%281429%29

https://www.jeanne-darc.info/battles-of-jeanne-darc/attack-on-paris-1429/

http://www.maidofheaven.com/joanofarc_jeanne_darc_autumn_1429.asp

http://www.maidofheaven.com/joanofarc_long_biography.asp

https://en.wikipedia.org/wiki/Hundred_Years'_War_%281415%E2%80%9353%29#The_Anglo-Burgundian_alliance_leads_to_the_Treaty_of_Troyes

https://en.wikipedia.org/wiki/Siege_of_Saint-Pierre-le-Mo%C3%BBtier

http://www.maidofheaven.com/marktwain/joanofarc_mark_twain_personal_recollections_book2_chapter41.asp#compiegne

https://www.jeanne-darc.info/battles-of-jeanne-darc/siege-of-compiegne/

Ilustración VIII: Por Paul Delaroche - [1], Dominio público.

https://commons.wikimedia.org/w/index.php?curid=27221

http://www.stjoan-center.com/time_line/part08.html

http://www.maidofheaven.com/joanofarc_maidoffrance_captivity.asp

https://history.howstuffworks.com/history-vs-myth/joan-of-arc-trial2.htm

https://www.jeanne-darc.info/trial-of-condemnation-index/

https://sourcebooks.fordham.edu/basis/joanofarc-trial.asp

https://en.wikipedia.org/wiki/Trial_of_Joan_of_Arc#Preliminary_inquiry

http://www.maidofheaven.com/joanofarc_feastday.asp

http://www.maidofheaven.com/joanofarc_death_sentence.asp

https://en.wikipedia.org/wiki/Joan_of_Arc

https://en.wikipedia.org/wiki/Death_by_burning#Christian_states

Ilustración IX:

https://commons.wikimedia.org/wiki/File:Joan_of_Arc_Emmanuel_Fremiet.jpg

https://rosaliegilbert.com/births.html

https://en.wikipedia.org/wiki/Jeanne_d'%C3%89vreux

http://faculty.goucher.edu/eng330/ceremonies_of_homage_and_fealty.htm

http://www.bbc.co.uk/history/historic_figures/Eduardo_iii_king.shtml

https://en.wikipedia.org/wiki/Battle_of_Sluys

https://www.realmofhistory.com/2016/05/03/10-interesting-facts-english-longbowman/

https://www.britishbattles.com/one-hundred-years-war/battle-of-sluys/

https://warfarehistorynetwork.com/daily/military-history/Eduardo-iii-and-the-battle-of-sluys/

Ilustración I: Por Artistdesign - Own work, CC BY 3.0, https://commons.wikimedia.org/w/index.php?curid=16659495

https://www.historyhit.com/facts-about-the-battle-of-crecy/

https://www.britannica.com/event/Battle-of-Crecy

https://www.britannica.com/biography/John-king-of-Bohemia

https://en.wikipedia.org/wiki/Black_Death#Death_toll

https://www.history.com/topics/middle-ages/black-death

http://www.bbc.co.uk/history/british/middle_ages/black_01.shtml

https://www.historytoday.com/ole-j-benedictow/black-death-greatest-catastrophe-ever

https://www.britishbattles.com/one-hundred-years-war/battle-of-poitiers/

http://www.newworldencyclopedia.org/entry/Battle_of_Poitiers

http://www.medievalchronicles.com/medieval-battles-wars/battle-of-poitiers/

https://erenow.com/biographies/the-black-prince/6.html

https://www.historic-uk.com/HistoryUK/HistoryofEngland/Black-Monday-1360/

https://www.history.com/this-day-in-history/hail-kills-english-troops

https://en.wikipedia.org/wiki/Bertrand_du_Guesclin

http://www.newworldencyclopedia.org/entry/Charles_V_of_France#King_of_France

https://www.britannica.com/biography/Peter-king-of-Castile-and-Leon

https://www.britannica.com/biography/Enrique-II-king-of-Castile

https://en.wikipedia.org/wiki/Battle_of_N%C3%A1jera

https://en.wikipedia.org/wiki/John_Chandos#Death

https://www.britannica.com/biography/John-Chandos

https://www.revolvy.com/page/Battle-of-Auray

Ilustración III: Por PMRMaeyaert - Own work, CC BY-SA 4.0,
https://commons.wikimedia.org/w/index.php?curid=47915747

http://www.luminarium.org/encyclopedia/hastings2pembroke.htm

http://www.luminarium.org/encyclopedia/larochelle1372.htm

http://www.englishmonarchs.co.uk/plantagenet_34.html

https://www.britannica.com/biography/John-of-Gaunt-duke-of-Lancaster

https://en.wikipedia.org/wiki/Eduardo_III_of_England#Late_years

http://www.newworldencyclopedia.org/entry/Charles_V_of_France#Marriage

https://www.historylearningsite.co.uk/medieval-england/peasants-revolt/

https://allthatsinteresting.com/charles-vi

http://www.newworldencyclopedia.org/entry/Charles_VI_of_France#The_King_goes_mad

Ilustración IV: Por John Cassell – Archivo de Internet, Dominio Público

https://commons.wikimedia.org/w/index.php?curid=45474611

http://www.englishmonarchs.co.uk/plantagenet_9.htm

https://en.wikipedia.org/wiki/Enrique_IV_of_England#Rebellions

http://www.medievalwarfare.info/#siege

https://en.wikipedia.org/wiki/Gunpowder_artillery_in_the_Middle_Ages#Advances_in_the_Late_Middle_Ages

https://www.futurelearn.com/courses/agincourt/0/steps/8857

https://blog.nationalarchives.gov.uk/blog/baptism-fire-steel-stone-Enrique-vs-army-siege-harfleur/

https://www.britannica.com/event/Battle-of-Agincourt

https://www.britishbattles.com/one-hundred-years-war/battle-of-agincourt/

https://en.wikipedia.org/wiki/Treaty_of_Troyes

http://www.historyofwar.org/articles/battles_bauge.html

https://www.history.com/topics/british-history/Enrique-v-england#section_4

Ilustración V: Por Desconocido- Ms 6 f.243 Battle of Agincourt, 1415, English with Flemish illuminations, from the 'St. Alban's Chronicle' by Thomas Walsingham (vellum), English School, (15th century) - Lambeth Palace Library, London, UK / The Bridgeman Art Library, Public Domain, https://commons.wikimedia.org/w/index.php?curid=139585

Ilustración VI: Por Eugène Romain Thirion - E EN.Wiki: 02:59, 19 Feb 2005 Neutrality., Dominio Público, https://commons.wikimedia.org/w/index.php?curid=110523

https://en.wikipedia.org/wiki/Siege_of_Orl%C3%A9ans#Hundred _Years%27_War

https://www.history.com/topics/middle-ages/saint-Juana-of-arc

https://www.biography.com/people/Juana-of-arc-9354756

Vea más libros escritos por Captivating History